給中學生的

人際溝通術

文—楊俐容
漫畫—吳宇賓
協力指導—臺灣芯福里情緒教育推廣協會

給中學生的人際溝通術

目錄

企劃緣起

從十三歲開始，培養面向未來的關鍵能力！

文／親子天下董事長兼執行長　何琦瑜

寫給讀這本書的少年們：

打開這本書的你，可能每天被考不完的試、寫不完的功課，或總是背了又忘、忘了又要背的課本，霸占了多數的青春時光。也或許你看穿一切，根本已經放棄；或是你正在學校裡打混，想辦法在老師和父母所給的壓力夾縫中求生存。不論如何，偶爾在你發呆、打手遊、看Youtube的餘暇中，或是埋首功課煩悶的夜晚，一定曾經想過：這一切，所為何來啊？白話翻譯就是，我現在花這麼多時間做的事情、學的這些東西，到底以後，是可以幹嘛的呢？

如果你腦海裡曾經閃過這個「大哉問」，恭喜你，這代表你開始對自己的未來有所想像和期許！如果你試圖主動思考、想要安排規劃「你的人生」

（而不是你爸爸媽媽交代而勉強去做的喔），那麼這個系列【十三歲就開始】，就是為你準備的。

學校沒有教，卻更重要的事

你對自己的未來有什麼夢想和期許？想當畫家或歌手？銀行家或老師？或是你根本沒想那麼遠，只想變瘦一點讓自己更有自信，或是想要多交朋友讓自己更快樂；也許你希望英文變好一點可以環遊世界，或是可以更有效率的通過考試念到好高中或大學……，不論那個「未來」是遠是近，是什麼樣的圖像，只要你想要「改變」什麼，「完成」什麼，你就已經開始學習，為自己的人生掌舵。就像開飛機或開車，你得要先經過駕訓班，裝備一些開車開飛機的基本概念、操作技術和能力認證，才能上路；「掌舵」你自己的未來，也需要裝備一些「關鍵能力」，能夠幫你更快實現夢想、達成目標、真正負起責任，並取得別人的授權與信任。

這些必須裝備的「關鍵能力」包含：

- 認識自己的長處和優勢、懂得為自己設定方向的目標力
- 計畫、改善、行動的執行力
- 獨立思考、解讀判斷的思辨力
- 用文字和口語，論情說理、表述清晰的溝通力
- 與他人相處、合作、交往的人際力

【十三歲就開始】是陸續往這些關鍵能力發展成書的系列。書裡面沒有「老人的教訓」，而是幫助你上路的「使用說明」。因為我相信，開始讀這本書的你，一定是個極有主見，而且時時想要讓自己更好的讀者。你聽的嘮叨夠多了，我們不必多加贅言。所以，我們替你綜整各方各派有用的方法和工具，深入了解這個年紀開始碰到的「痛點」，提供具體的「行動方案」。書裡各式各樣發生在生活裡的難題和故事，也幫助你提前想一想：如果換做我是主角，面對同樣的兩難，我會怎麼做？

這個系列中各書的主題，都是你馬上用得到，生活裡就能馬上練習的能

力。有時間和心力的話，你可以照表操課，不斷演練改進。若沒有餘裕，也可以讀一讀書，找到一、兩個適用的工具或提醒，謹記在心，潛移默化的向目標前進。

有些大人認為，少年人都沒有韌性和毅力。我不相信這個說法，相信你也不會服氣。【十三歲就開始】這個系列，就是希望能陪伴有志氣的你，務實做好面對世界、面對未來的準備。讓你有信心的說：「相信我，我做得到！Yes I can！」

專家推薦

掌握溝通能力，享受人際關係

文／青少年心理專家　楊俐容

你和同學、朋友、家人、心儀的對象有多親近？你對自己的人際關係有多滿意？

在我的工作當中，有一部分是陪伴青少年一起面對困擾、解除煩憂。從多年的工作經驗中，我深深體會到，一個人對於上述這兩個問題的答案，和他的幸福感息息相關。

無論你是超級人氣王或荒野一匹狼，不管你的個性外向或內向，甚至你未來選擇的工作比較需要和別人合作完成，還是相對可以獨立操作，人際關係都是你每天必定要面對的事情。

擁有越多人際關係不一定會越快樂，但無法和身邊重要的他人好好相處，卻會讓你痛苦不堪；而擁有一定數量的高品質人際關係，絕對會帶給你滿滿的幸福感！難怪有人會說：「人際關係可以是天堂，也可能是地獄」，其中的關鍵就在於你擁有多少溝通能力。

或許你會覺得「人際關係好複雜、人心好難懂」。但事實上，只要多吸收一些和你要溝通的對象相關的知識、學習一些基本的溝通技巧，再加上花點心練習對自己、別人和溝通環境的敏銳覺察，多數人都可以大大提升自己的溝通能力。

高爾夫名將在比賽前熱身或平時訓練，都會在練習場上反覆練習，甚至花上數百個小時，來增加擊球的穩定性和準確性。同樣的道理可應用在增加溝通能力上。十三至十八歲是磨練溝通能力最好的時機，因為你的大腦正在蓬勃發展，人際關係的種種挑戰正好為你提供絕佳的人生練習場。

正因為如此，我以多年的工作經驗為基礎，列出青少年最常見的溝通痛點，希望透過提供你好的溝通觀念、實用的自我測驗，以及可以操作的技巧練習，幫助你探索自己現有的溝通能力，發現自己的優勢、調整自己的弱點，成為不斷晉級的人際高手。

讓這本書陪伴你，從現在就開始重視溝通能力，並且採取行動刻意練習，直到良好有效的溝通，成為大腦中自動化的好習慣。你會發現，溝通順暢了，當下的人際關係就會獲得改善，每天的生活也將過得更愉快。甚至在未來，你也將擁有更好的親密關係、團隊合作與工作表現等。

祝福正值青春年華的你，掌握溝通能力，享受人際關係，許自己一個美好未來！

第1章

觀念篇

成功的溝通，
可以透過學習來養成

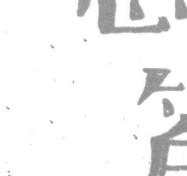

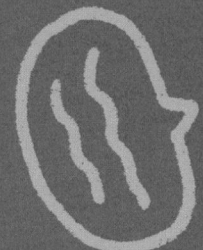

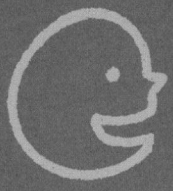

和別人聊天、溝通時，以下哪一項是你期待達到的：

- ☑ **希望和別人愉快交流、溝通無礙**
- ☑ **總是羨慕那些很會聽別人說，又很能表達自己的人**
- ☑ **期待自己和在意的人之間不要有衝突、誤會或傷害**
- ☑ **渴望成為充滿自信的溝通高手**

為什麼要學人際溝通？

前面的敘述只要有任何一項回答「是」，就代表你想要和別人有成功的溝通。成功的溝通可以幫助你建立長久、穩固且友好、親密的人際關係，能為你帶來愉快的生活。

又再者，無論在學校、社團或家裡，擁有好的溝通能力，能讓你自在分享自己的感受與想法，也能充分了解朋友、家人，在這當中你也就可以獲得真正的快樂。

另外，如果懂得傾聽和表達的話，在學校分組報告時也非常加分：你和同學就能聽懂彼此的想法、完成美好的合作，雙方都能因此獲得更好的成績與表現。

相反的，人際間的不滿和衝突，是壞心情最主要的來源。它會讓日子變得難受，還會影響你的學習、自信，甚至身心健康。

總而言之，能不能和別人好好溝通，是決定你每天過得順不順利、開不開心最重大的因素。

溝通其實需要學習

看看周遭，你會發現有人話太多、有人話太少，有人不知道為什麼別人不想跟他說話，還有人始終搞不懂為什麼自己會變成句點王。或許你會認為有些人似乎是天生的溝通高手，但事實上，溝通所需要的能力多半不是與生俱來。

那大家怎麼建立溝通能力呢？大多都是模仿身旁親朋好友而來。然而，在身旁大人的示範效果不大、學校又忙著教導學科知識的情況下，許多人都是跌跌撞撞或瞎子摸象，逐漸發展出自己的溝通模式。至於這個模式行不行得通、好用不好用，就不見得了。

好消息是，「成功的溝通」可以透過學習來養成。許多專家已經整理出一些有效的技巧，只要持續鍛鍊，幾乎所有人都能大幅提升自己的溝通能力。

什麼是「成功的溝通」？

「成功的溝通」是指兩個人或更多人之間，透過有來有往的訊息交流，促進「我懂你、你懂我」的狀態；並因此能夠和諧相處、解決衝突、合作協商，使得彼此的感情更濃厚，或讓團隊更容易達成目標。

那麼，要如何做到成功的溝通呢？你可以透過以下三大步驟，來逐步達成成功的溝通。

☑ **營造有利的溝通氣氛**：包括「學會閱讀空氣並掌握溝通時機」、「拿捏談話竅門」這兩個技巧。

☑ **掌握雙向溝通的內容**：包括「善用非語言訊息」、「聽懂對方在說什麼」，以及「清楚有效表達自我」等三個技巧。

☑ **充滿自信**、**創造雙贏**：在關注自己的感受、想法、需求和期待的同時，也能尊重對方，達到「我好，你也好」的雙贏結果。

除了學會以上方法外，身為青少年的你，在人際關係中還有兩個特別值得學習的溝通課題。

☑ **妥善處理兩性溝通**：學習此技巧，對於你成年後建立親密關係、幸福家庭非常有幫助。

☑ **妥善處理親子溝通**：親子衝突是青春期特有的現象之一。透過理解不同世代的想法和價值觀，掌握如何化解衝突的方針，並能進一步和爸媽協商，找到彼此都可接受的方案。

這些能力，更是能帶到未來情境中來使用。往後當你面對社團或職場中的人際關係時，你會運用過往經驗裡的學習，讓自己在人與人的互動中游刃有餘。

一圖看懂成功溝通的所有能力

以上提到的，都整理成為下方促使成功溝通的八大能力。在後面的章節中，將用你可能會出現的各個情境，一一介紹這八大能力對應的相關技巧。

成功溝通的八大能力

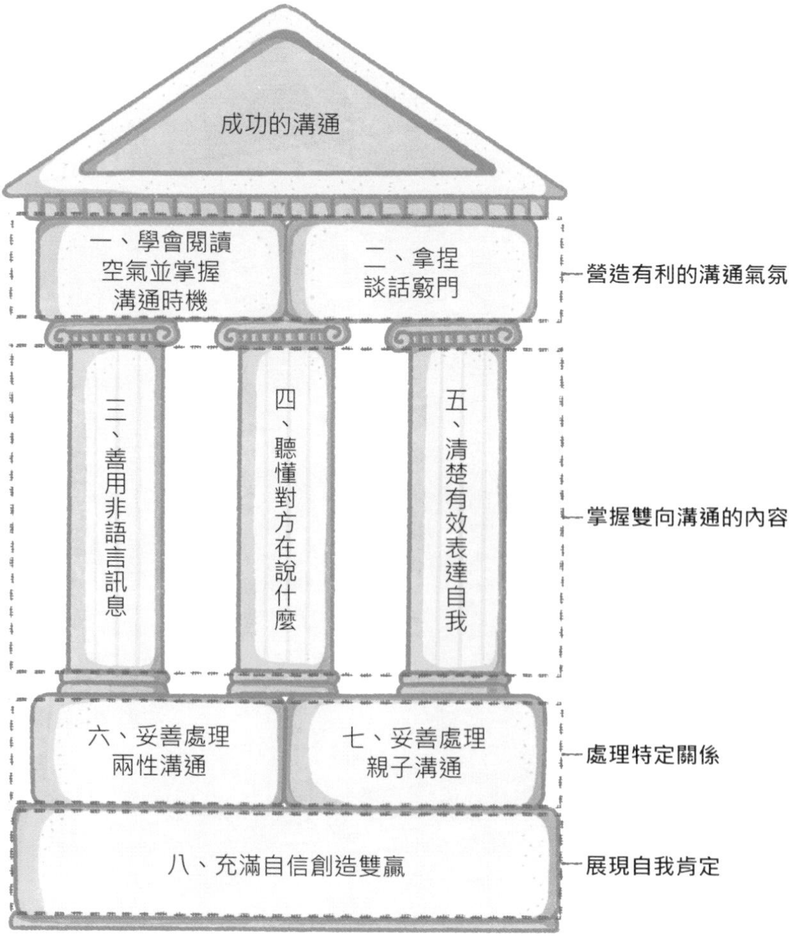

成功的溝通
一、學會閱讀空氣並掌握溝通時機
二、拿捏談話竅門
營造有利的溝通氣氛
三、善用非語言訊息
四、聽懂對方在說什麼
五、清楚有效表達自我
掌握雙向溝通的內容
六、妥善處理兩性溝通
七、妥善處理親子溝通
處理特定關係
八、充滿自信創造雙贏
展現自我肯定

CHECK

你的溝通能力有多好？

在看後面的章節前，先做測驗看看自己有多少能力，了解自己之後要增進與改善哪些技巧。請憑第一個直覺，依照符合自己的程度，勾選適合你的分數，不要去想這個答案對不對或好不好。

	總是 1	經常 2	偶爾 3	很少 4	從不 5
一、只是誠實做自己，卻常常被說白目。	☐	☐	☐	☐	☐
二、只要一開口，大家就會找藉口溜走。	☐	☐	☐	☐	☐
三、說的話別人常常沒聽進去，或者根本沒聽懂。	☐	☐	☐	☐	☐
四、想關心朋友，卻老是熱臉貼冷屁股，得到反效果。	☐	☐	☐	☐	☐
五、明明對對方有情緒，就是說不出心裡的感受和想法。	☐	☐	☐	☐	☐
六、想和異性交朋友，但不知道怎麼拿捏比較好。	☐	☐	☐	☐	☐
七、不想跟爸媽打壞關係，偏偏一不小心就擦槍走火。	☐	☐	☐	☐	☐
八、在人際關係裡，委屈自己、成全別人的時候多。	☐	☐	☐	☐	☐
接著，請將你在每一題勾選的分數加總起來。	總分：＿＿＿＿＿分				

最後依照你在每個題目的分數，找到雷達圖上相對應的刻度，並標出「•」的記號，再以線條將每個「•」連起來，就可以得到你的「溝通能力雷達圖」，了解自己八大溝通能力的分布狀態。

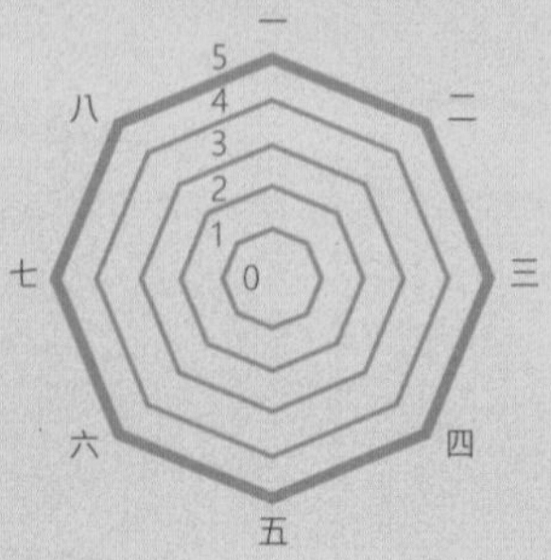

如果你的得分在8～18分之間，代表你對自己的溝通能力不太有信心。這有可能是你對自己過於嚴苛，也可能你在溝通上已經碰到許多困難。建議你仔細閱讀每一章，並找到可以信任而且真正關心你的朋友或師長，請他們幫助你進行練習，你將會看到自己的進步！

得分落在19～29之間，代表你的溝通能力不錯，也還有成長的空間。建議你仔細看看雷達圖，繼續精進自己的強項，並針對弱項進行改善，朝溝通高手的目標前進！

至於得分落在30～40之間的你，恭喜，你已經是相當厲害的溝通高手了。請繼續保持，並閱讀各章節，進一步了解成功溝通因素，你將有機會成為真正的溝通大神，甚至還能幫助別人提升溝通技巧。

最後，特別留意的是，如果你覺得自己的溝通能力很好，朋友或家人卻對你們之間的關係不滿意，那可就得多留意了。有可能是你對自己評價過高，建議你詳讀每個章節，進一步審視自己，以免錯失成長的機會。

練習、練習、再練習！

無論是踢足球、玩樂器或做木工等，絕對不是讀完一本技巧手冊，或是上完一門技術課程，就可以成為箇中高手。想要精熟一項技能，需要邊學邊練，透過親身體驗不斷修正改進，這才是最有效的方法。而人際溝通當然也不例外。

心理學告訴我們，大腦喜歡走習慣的道路。只要用正確的方法不斷練習，成功溝通的技巧就會在你的大腦裡逐漸形成一條快速道路，讓你習慣成自然，溝通不打結。

再跟你說另一個好消息——青春期是人一生中大腦非常活躍的階段。就算現在和別人溝通時，你老是踩到別人的雷、惹人不開心，那麼就趁這大好時間打掉重練，效果一定是最好的。

現在，就開始學習成功溝通吧！

「成功的溝通」可以幫助人們建立穩固且親密的人際關係，並且帶來愉快的生活。

「成功的溝通」能透過學習來養成。

成功的溝通有三大撇步：營造有利的溝通氣氛／掌握雙向溝通的內容／充滿自信、創造雙贏。

想要精熟「人際溝通術」，需要邊學邊練，透過親身體驗不斷修正改進，這才是最有效的方法。

使用本書的方法：

本書特別列出中學生最容易遇到的人際關係八大痛點，提供簡單、可行的解決方案。每個痛點的解說都包含了：

每一則痛點會先以漫畫故事開場，讓漫畫人物先帶領你找出人際關係的問題點。不擅於人際互動上的處理，有很多不同的原因，透過每單元開場的小漫畫，找出問題點在哪裡。

看完漫畫後，想一想自己平常遇到這樣的問題，會怎麼做？

進一步解說痛點形成的原因，找出真正問題的所在。

透過測試，了解自己在人際互動中，是否存在著同樣的問題。

使用本書時，你可以按照順序，從第一單元進行到第八單元。如果你很清楚自己的問題點，也可以直接從你覺得有幫助的問題點，開始研讀。

在測試後，若發現你有類似的問題，可以參考本書提供的解決方案和工具，運用在實際生活中。

條列出章節重點。你可以重溫概念，也能更加清楚要改善的重點。

每個單元都提供了延展練習，幫助你將這些人際關係的技巧，運用得更為熟練。

最後一個單元是情境習作，這是一個綜合性的練習。透過情境的設定，請你運用前面的行動方案來執行，看你的應用指數有多高？

漫畫人物介紹

接下來的每一個單元，都會由這幾位可愛的漫畫人物來帶領你找出人際溝通的問題點。他們每個人都有一些人際互動上的毛病，找找看誰的狀況跟你最相近，跟著他們一起解決這些惱人的小麻煩吧！

巧柔

講話柔和，但在某些事上顯得較為懦弱，不太會清楚表達自己意見。描述事情時，總是繞了太多細節才回到話題的正軌。

凌薇

成績不錯，個性強勢，有時會過度自我中心或過度主觀，欠缺考慮當下氣氛或他人感受。

彥辰小時候一起玩的大哥哥，是一群玩伴中的孩子王，出社會後創業開咖啡廳。因為彥辰曾帶著其他人去店裡聊天，因而認識了大家。也因爽朗又照顧人的個性，這些弟弟妹妹在遇到問題時，會來找他諮詢。

無憂無慮、常常很開心的樣子，不過有時會過分樂天，或是出現無法同理別人的情況。

個性溫和人又好，心思細膩，不過有時候會為了顧全大家感受而不說自己的心情。

痛點 1

只是誠實做自己，不好嗎？

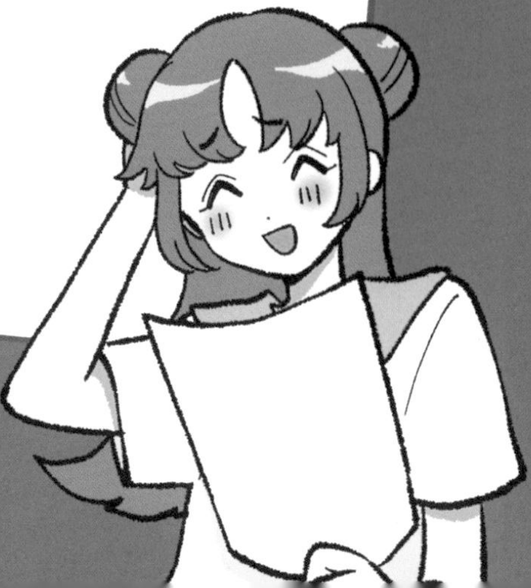

我講的話常常讓別人惱火，該怎麼辦？

蛤～
這次段考考卷發還給大家，
不～
大家要好好訂正錯誤的地方喔！
OH NO
我這次都沒什麼讀，
竟然考得還不錯～
92
真開心，可以去大吃一頓了！
61
49
39
她幹嘛要這樣大聲炫耀啊？
她每次都這樣～
國小也同班，已然習慣。

怎麼考這麼差，
回家又要被念了，真煩！
嘖！
欸，
我這次考得比上次好耶！
那又怎樣？
你是不是考不好啊？不要難過嘛！
像我每天開開心心的多好～
少管閒事！

幹嘛生氣
啊……
算了，
找人聊天去～
欸哥們！
啊
是隔壁班的
琪琪！
冒出!!
喂！
哇啊！
←琪琪
幹嘛？
來不急跟琪琪
搭話了啦……

你怎麼了啊？
叫你兩三次都不回。
……
話說
昨天NBA勇士隊比賽也太精采了吧！
對吧？
#
%
@
這樣喔……
欸你怪怪的耶，
是怎麼了啊？
沒事啦……
你不要悶在心裡，有煩惱要說出來啊！
吶喊
笨蛋，太大聲了啦！

誠實做自己，是優點還是缺點？

你身邊有像凌薇、天誠這樣的人嗎？他們一根腸子通到底，想什麼就說什麼，旁邊的人不用猜，就知道他們怎麼想、怎麼感覺、有什麼期待。

和這種直白、沒心機的人交往，不用傷腦筋，相處起來很輕鬆，所以他們也會受到一定程度的歡迎，有自己的好朋友。這樣的人，是「誠實做自己」的人。「誠實做自己」是指直接說出自己的想法、感覺和期待，不拐彎抹角、不隱藏自我。

不過，當他們的「誠實做自己」和「搞不清楚眼前狀況」連在一起的時候，一不小心就會變成讓身邊的人尷尬、難受，甚至無奈、惱火的「白目」，人際溝通也容易出問題。

常見的「白目行為」有三種：

1. 不會察言觀色：無法透過別人的聲調、語氣、表情、姿態等線索，來了解對方的情緒。

2. 不會覺察氣氛：對周遭的總體氣氛無感，以至於做出不適當的反應。

3. 不會判斷時機：不懂得判斷當下的時間、空間，是否適合進行溝通。

判斷看看，以下敘述是哪一種白目行為？

你知道凌薇和天誠在漫畫裡的表現，分別屬於哪一種「白目」嗎？請把你的答案圈起來，再核對看看你的診斷準不準。

種類：1. 不會察言觀色　2. 不會覺察氣氛　3. 不會判斷時機

行為	種類		
A. 凌薇→在全班同學普遍沒考好、心情沮喪的情況下，高調的説自己都沒什麼讀，竟然考得還不錯。	1	2	3
B. 天誠→看不出同學已經很難過或快發飆，還跑去鬧他，跟他説一些不識相的話。	1	2	3
C. 天誠→在好友心儀的對象經過時，纏著他説話；在人來人往的地方，大聲要好友説出心事。	1	2	3

答案：A-2、B-1、C-3

為什麼會出現白目行為？

一般而言，像凌薇、天誠這類的人，在個性上比較自我中心。也因為如此，他們在和別人溝通時，往往急著要把自己的想法、感覺，一股腦的統統說出來。但如此一來，這樣的人就會忘記去留意其他人的情緒狀態、當下的時間地點，以及周遭的總體氣氛是否適合說某些話或做某些行為，也就容易出現白目行為了。

就像凌薇，當她發現自己沒什麼溫習，竟然考得還不錯時，心裡感到驚喜、得意，這些都是人之常情。她豪不掩飾自己的好心情，也不過是「誠實做自己」而已。

但她只注意到自己的好心情，卻忽略了班上低迷的氣氛，完全看不見同學們難過的表情、聽不到大家哀號的聲音。於是，這個和周遭氣氛格格不入的行為，就瞬間秒變「白目」了。

至於天誠，其實是個樂觀開朗的陽光男孩。他勸同學「不要難過、每天開開心心多好」、鼓勵好友「有煩惱要說出來、不要悶心裡」，這些都是溫暖、友善的舉動，為什麼別人偏偏不領情呢？

原因就在於天誠雖然關心同學，但他一心只想把自己的想法告訴同學，忽略了同學的表情和反應。不懂得察言觀色，再善意的舉動也會碰釘子。

去找好友時，他心裡想的都是自己關心的NBA話題，沒注意到好友的眼光正追逐著琪琪，還在人來人往的地方，大聲的要好友說出心事。這些都是不會判斷時機的表現，溝通當然不會有好結果。

換句話說，會被人說白目的人，就是在和別人溝通時，腦中都是自己的想法、感受、價值觀……。反之，合宜的溝通就是在表達自己的同時，也會去蒐集溝通對象的狀態、時空環境的適切性，以及周遭總體氣氛等資訊，綜合分析判斷後，再決定要怎麼說、怎麼做。

白目大腦圖

在談話時，只是一股腦的表達自己的想法、感受、價值觀等，卻不在意別人的感受或考量當下情況。

不白目大腦圖

比較好的做法是：能在表達自己的同時，也去了解對方狀態和周遭氣氛等資訊，後續再做出適切的對答與反應。

CHECK 你的「察言觀色」能力有多少？

你是個會閱讀空氣的人嗎？以漫畫情境為例，請翻回本章漫畫頁，仔細觀察線索後，再把以下表情和情緒配對起來。

1. ◎ ◎ A. 擔心

2. ◎ ◎ B. 討厭

3. ◎ ◎ C. 懊惱

4. ◎ ◎ D. 無奈

5. ◎ ◎ E. 沒興趣

6. ◎ ◎ F. 很煩

解析

- 答對 3 題以下（含 3 題），代表你的察言觀色能力有很大的進步空間。
- 答對 4 題以上（含 4 題），代表你察言觀色能力很不錯，如果還常出現白目行為，應該只是在溝通時常常忘了用。

答案：1-B、2-D、3-A、4-F、5-C、6-E

三大方法，讓你做自己又不自目

那麼，我們該怎麼做，才能自在的做自己，又不會犯下前面敘述的所有毛病呢？

1 建立察言觀色圖鑑

察言觀色是「讓自己能表達得剛剛好」最基本的功夫，特別適用於一對一的人際溝通。

你可以透過製作情緒表情圖鑑來提升這項能力：

1.設計一個五列的表格，欄數、頁數可依照你的需求自行擴充。
2.列印並剪貼不同情緒類別的表情貼圖（如使用真人照片，效果會更好），貼在第一列。
3.在第二列寫出該貼圖的情緒詞彙。
4.第三、四、五列分別寫出該情緒的眉毛、眼睛和嘴巴特徵。你也可以透過可信的網路資料，查詢正確的表情特徵，核對並修正你自己的判斷。

熟悉圖鑑中每個情緒的表情特徵之後，你可以再擴充一個情緒姿態圖鑑。然後就可以運用圖鑑提供的資料，在人際溝通中認真觀察對方的表情、姿態，你會發現自己越來越能體會對方的情緒，也就越來越能做出適切的反應了喔！

範例圖表一：情緒表情圖鑑

貼圖／照片						
情緒	害怕	生氣	難過	討厭	驚訝	開心
眉毛	眉頭往中間皺起	眉頭皺起往下壓	眉頭皺起往上抬	眉頭皺起往下壓	眉毛抬高	自然放鬆
眼睛	眼睛睜大	眼皮緊繃眼睛瞪大	眼睛下垂	斜眼看別處	眼睛瞪圓	瞇著眼睛
嘴巴	嘴巴張得很大	緊閉雙唇咬牙切齒	嘴角下垂	抿著嘴巴	嘴巴張開	嘴角上揚

空白圖表一：情緒表情圖鑑

貼圖／照片						
情緒						
眉毛						
眼睛						
嘴巴						

範例圖表二：情緒姿態圖鑑

貼圖／照片						
情緒	害怕	生氣	難過	討厭	驚訝	開心
身體	身體僵硬	握緊拳頭	肌肉無力	雙臂交叉	身體前傾	身體開放
行為	逃離	攻擊	退縮	拒絕	注意	親近

空白圖表二：情緒姿勢圖鑑

貼圖／照片						
情緒						
身體						
行為						

2 善用「溝通紅綠燈」

對周遭氣氛無感，往往是一種不自覺的天然本性。想要改善，你可以在腦海裡為自己設置一個「溝通紅綠燈」的圖像，或者畫一張海報來提醒自己，先覺察周遭氣氛再採取行動。

1 紅燈停

你要做的第一步就是「停」，也就是在許多人一起的場合，先踩剎車，不要急著發表想法、抒發感受。

2 黃燈想

接著，你要發揮察言觀色能力來蒐集線索。你可以多觀察大家的表情，仔細聽聽大家在說些什麼，體會大家在談論某件事情的情緒起伏，這些都可以幫助你了解周遭的總體氣氛。

3 綠燈行

一旦掌握到周遭氣氛，你就可以採取適合的行動了。方針有以下幾個：

◆ 當你的想法、感受和多數人一樣時，你可以放心的誠實做自己，讓自己融入團體。

◆ 當你的想法、感受和多數人不同時，你不必假裝和大家一樣，但最好先打包起來，在比較私密的場合和你可以信任的密友分享就好。如果實在忍不住，盡量低調一點、輕描淡寫就好。

◆ 最後要特別提醒一點，當周遭氣氛一片歡樂，但你注意到團體中有少數人心情不好時，你可以稍微保守一點的表現自己的好心情，然後私下關懷心情不好的同學。這樣貼心的舉動，會讓你更加受到大家的歡迎喔！

3 留意其他影響溝通效果的因素

如果是一對一的談話時，溝通的地方、時間點等因素，都會影響溝通效果。牢記以下幾個重點，會讓溝通更容易成功。

1 地點的選擇

◆ **如果要講「重要的事情」時**

最好選擇比較正式、不嘈雜的場地進行溝通，如：咖啡館角落的座位、社團辦公室等，比較能集中注意力。

◆ **如果要講「私密的事情」時**

牽涉到兩個人的想法差異或情感交流的事情，可以在比較輕鬆、沒有其他閒雜人的獨處場合進行。這樣一來，彼此都能敞開心胸，效果也會好很多。最重要的，就是絕對不要在公開場合談論自己或對方的心事、祕密等個人隱私。

2 察覺對方的溝通意願

如果有些事你想跟對方一對一溝通，但對方卻不想面對面談話時，通常代表他對要溝通的事情還有強烈的情緒。這時，最好先寫個訊息來緩和對方的情緒，表達想要和對方好好溝通的誠意。

- 「誠實做自己」不能與「搞不清楚眼前狀況」連在一起，不然人際溝通容易出問題。
- 在表達自己意見的同時，要同步觀察對方或團體的狀態、所在環境的整體氛圍等，再做出合宜的應對。
- 建立屬於自己的察言觀色圖鑑，能幫助自己讀懂對方的情緒。
- 善用「溝通紅綠燈」，提醒自己養成習慣，先察覺團體氣氛再採取行動。
- 如果是一對一的談話時，要拿捏溝通的地方和時間點，好促成成功的對話。

1

生活當中，有你欣賞的溝通達人嗎？列出他們的名字。

2

觀察這些溝通達人如何和別人溝通互動。記錄他們察言觀色、掌握時機和覺察氛圍的行為。

3

多模仿與學習溝通達人們的溝通方式，記錄並肯定自己的進步。

痛點 2

為什麼每當我一開口，大家就會找藉口溜走？

好想成為聊天高手，該怎麼做好呢？

某天下課
掰掰！
明天見！
等等一起去打球！
你們昨天有看BTZ的回歸舞臺嗎？
怎麼可能錯過呢？他們實在太帥了。
對啊，舞跳起來超威~
舞臺設計也很棒呢！
說起舞臺設計，
我覺得可以再改成……

又來了……老毛病再現……
上次她光說明星的服裝配搭，就講了半小時……
那一次我也在場，真的很受不了……
有次她還很認真教我明星們的冷知識，實在不忍打斷她……
欸你們小聲一點，她會聽到啦！
啊！等等要去社團了！
我去上廁所。
我也要！
怎麼都走光光了……
對了巧柔，你昨天有順利買到BTZ的限定商品嗎？
趕快轉移話題。

喔那個啊……
昨天我要去店門口排隊前
就在經過的公園跌了一大跤
因為那邊正在施工，土都翻起來了，很軟很難走。
搞得我一身泥濘……

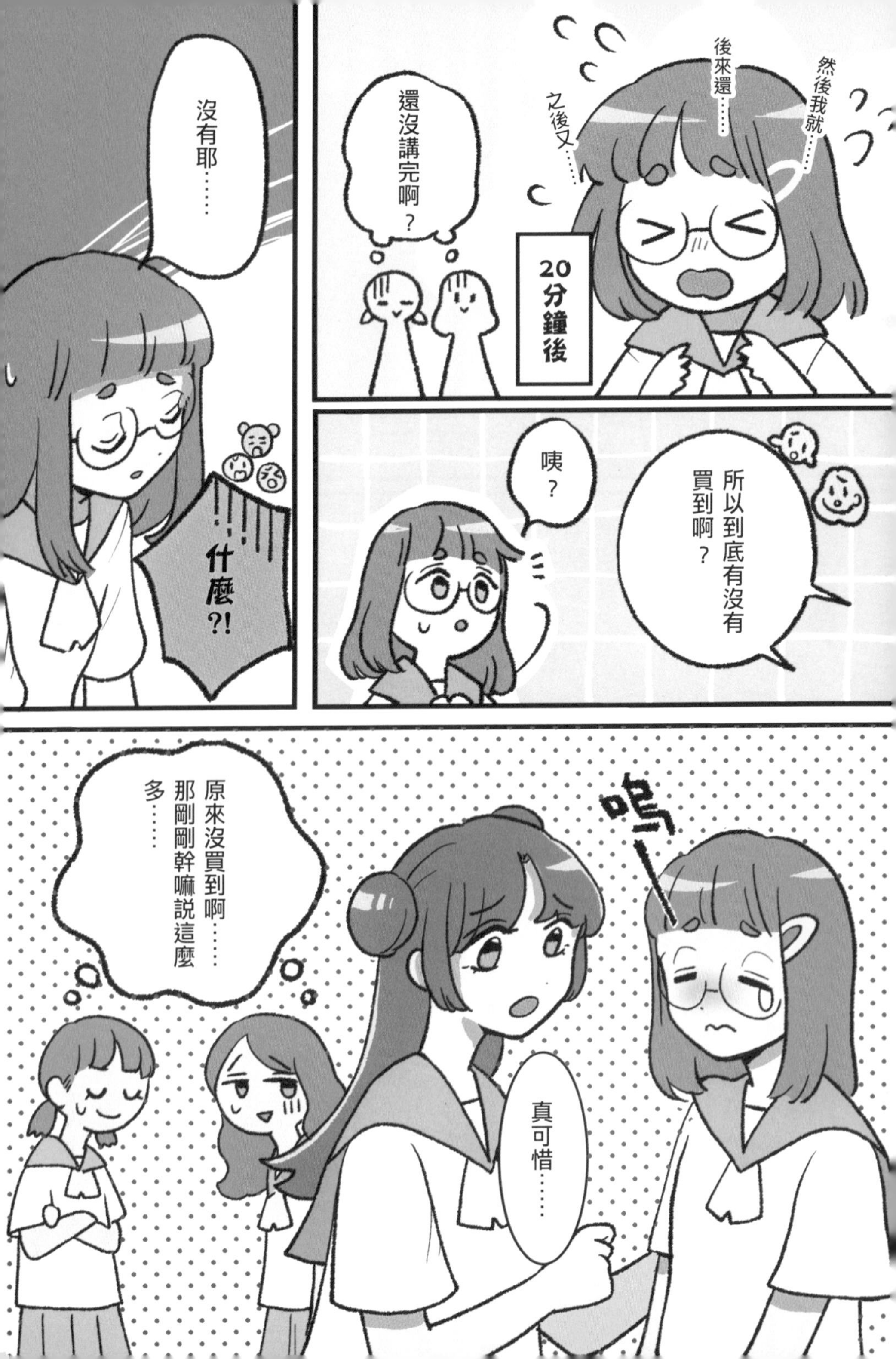

然後我就……
後來還……
之後又……
20分鐘後
還沒講完啊？
所以到底有沒有買到啊？
咦？
沒有耶……
什麼?!
嗚—
真可惜……
原來沒買到啊……那剛剛幹嘛說這麼多……

你有碰過像凌薇和巧柔的人嗎？

你的生活中，也有很不會聊天的人嗎？本來聊得正熱的場子，只要他們一開口，氣氛就會逐漸冷下來，最後大家只好紛紛找藉口離開。

他們不是故意要把氣氛弄僵，但他們說話的內容和方式，就是會讓別人很難把話接下去。

這種很容易把天給聊死的人，就叫做「冷場王」，常見的「冷場王」有以下四種類型：

1. 木訥寡言型：說話太簡短，讓別人覺得他好像很冷淡，對別人說的事情不感興趣。

2. 喋喋不休型：反應太熱情，巴不得填滿每個空檔，讓別人覺得沒有片刻安寧，和他聊天變成一種負擔。

3. 鉅細靡遺型：描述事情太仔細，讓別人覺得他說話沒重點，搞不清楚別人到底在說什麼、想知道什麼。

4. 好為人師型：不管什麼話題，都可以扯出一堆學問、冷知識，讓別人覺得他就是愛現。

漫畫人物分別是哪一類冷場王

你知道漫畫裡的凌薇和巧柔，分別代表哪一類型的「冷場王」嗎？請把你的答案寫在格子裡，沿著道路往下走，碰到吊橋就要先過橋再繼續往下，最後就會知道你的答案正確不正確囉！

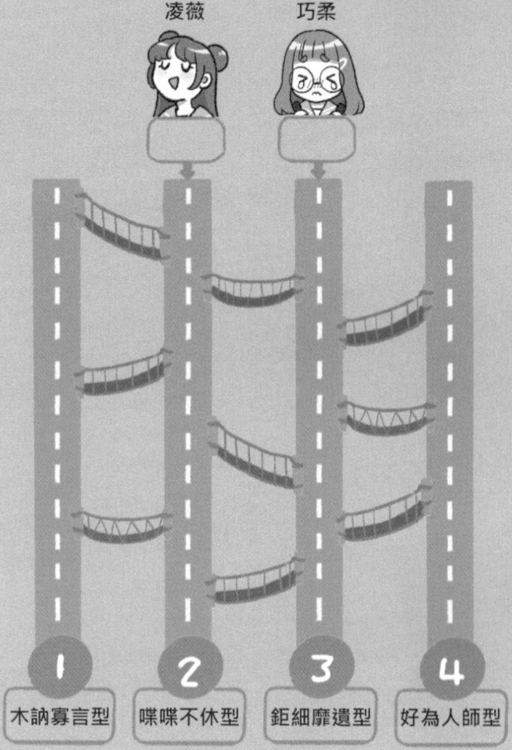

答案：凌薇-4好為人師型、巧柔-3鉅細靡遺型

為什麼會成為「冷場王」？

聊天是建立關係的路徑，也是促進溝通的基礎。懂得創造輕鬆愉快的氣氛，讓別人願意繼續聊下去，可以幫助我們拓展朋友圈、贏得好人氣。

聊天就像打桌球一樣，最重要的是，過程中必須「有來有往」，而且最好雙方「旗鼓相當」。用打桌球來比喻，前面提到那四種常見的「冷場王」，大概就像以下敘述的各種對手打法。

1 木訥寡言型

不管別人怎麼發球，他都紋風不動，頂多不帶勁的回打一下，連中線都過不了。

和這一型的人對話，就像這樣：

「你昨天有看ＢＴＺ的回歸舞臺嗎？」

「沒有。」

「怎麼可能錯過呢？他們真是太帥了。」

「是喔。」

「對啊！舞跳起來超威～」

「嗯。」

「舞臺設計也很棒呢！」

「喔，是喔。」

反覆幾次，都只能得到太簡短、沒內容的回應後，別人就會覺得他很冷淡，或者以為他根本對這個話題沒興趣。

2 喋喋不休型

他手上有無數個乒乓球，不等別人回打，他就連珠砲式的不斷發球。

和這一型的人對話，就像這樣：

「你昨天有看BTZ的回歸舞臺嗎？」

「怎麼可能錯過呢？他們真是太帥了。」

「對啊……」（還沒講完）

「舞跳起來超威～」

「跟之前比起來……」（還沒講完）

「舞臺設計也很棒呢！」

「我也覺得……」（還沒講完）

「@#$%^&*……」

整個場子，都是他在發言。雖然他熱情滿滿，但別人很快就會失去存在感，覺得跟他聊天很沒意思。

3 鉅細靡遺型

別人發的每一球，他都很認真的回打。遺憾的是，球根本沒落在對方的檯區上，別人也就無法繼續打下去。

和這一型的人對話，就像這樣：

「你昨天有順利買到ＢＴＺ的限定商品嗎？」

「喔那個啊……」

「昨天發生了……，那時候……」

「因為……，所以……」

「後來我又……，結果……」

（完全沉浸在昨天的經歷中）

「所以到底有沒有買到啊？」

「咦？」（突然被喚醒）

「沒有耶……」

（終於回答了別人的問題）

雖然有接收到別人的提問，但他習慣描述事情的每個細節，別人等了好久還得不到自己想知道的答案，就會失去耐性。

4 好為人師型

別人每發一球，都會引起他大發議論，說起他知道的桌球歷史、規則、球拍好壞等知識，以至於忘了球打回去。

和這一型的人對話，就像這樣：

「你們昨天有看ＢＴＺ的回歸舞臺嗎？」

「韓團的回歸舞臺意思就是……」

「怎麼可能錯過呢？他們真是太帥了。」

「我告訴你們，他們的服裝……」

「舞跳起來超威～」

「你們知道ＢＴＺ的編舞……」

「舞臺設計也很棒呢！」

「說起舞臺設計，我覺得可以再改成……」

這種人往往不知道，隨時展現「無所不知」的樣子，別人雖然有時候可以從他身上學到一些知識，但其他時候，通常會感到厭煩。

相信你已經看出來了，「好為人師」正是漫畫裡凌薇的寫照，而巧柔則是屬於「鉅細靡遺型」的人！

CHECK

你有「冷場王」的特質嗎？

運用下方的步驟，測驗看看擁有多少冷場王特質。

步驟 1：仔細閱讀以下題目，並依照直覺勾選「是」或「否」。

題目	是	否
1. 你認為自己是個內向的人。		
2. 在團體中，你常扮演那個讓談話可以繼續下去的角色。		
3. 如果不了解事情的來龍去脈，你內心就會感到不安。		
4. 就算沒有十足把握，你說話還是顯得非常有自信。		
5. 開口和別人交談，對你來說不是一件容易的事情。		
6. 聊天中出現沉默時，你會想辦法說些話來填補空檔。		
7. 你認為把事情交代得清清楚楚，是非常重要的。		
8. 你經常是團體中第一個發表意見的人。		
9. 碰到外向熱情的人，你會覺得有點不自在。		
10. 你很享受成為焦點人物的滋味。		
11. 你的東西總是整理得井然有序。		
12. 要承認自己不知道某些事情，對你來說有點困難。		
13. 你常覺得沒有人了解你的想法和感受。		
14. 你覺得維持團體的熱鬧氣氛非常重要。		
15. 你經常是團體中最喜歡追根究底的那個人。		
16. 被別人指正時，你會想辦法找資料來證明自己是對的。		
17. 情緒低落時，你總是自己承擔，不表現出來。		
18. 碰到令你困擾或興奮的事情時，你會想要馬上告訴別人。		
19. 你喜歡研究事物的細節。		
20. 發現別人說錯時，你會立刻打斷對方並提出更正。		

步驟 2：依照下列題號，計算你答了幾個「是」，就是你在該類型的得分。

類型	木訥寡言型	喋喋不休型	鉅細靡遺型	好為人師型
題號	1,5,9,13,17	2,6,10,14,18	3,7,11,15,19	4,8,12,16,20
得分				

步驟 3：依照你在每個類型的得分，畫出你的特質圖。

範例：凌薇的特質圖

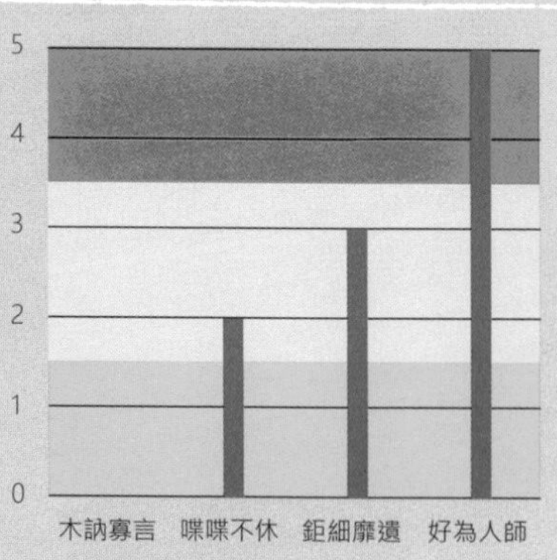

空白：你的特質圖

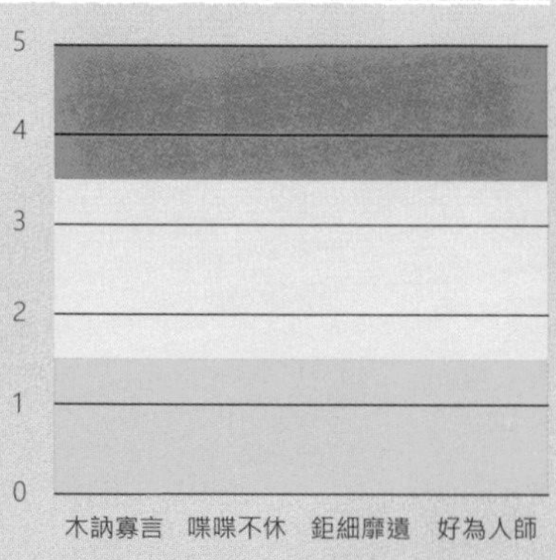

解析

- 得分落在紅色區塊，代表你明顯具有該特質。
- 得分落在黃色區塊，代表你可能具有該特質。
- 4 類型得分都落在綠色區塊，代表你不是「冷場王」。

三大竅門，讓你成為聊天高手

想要變成優秀的聊天高手，可以從掌握以下幾個竅門開始練習。

1 準備話題

就像打桌球要有人先發球一樣，擅長聊天的人腦中，總有一些大部分人都有興趣、容易引發同感的話題。聊天時將這些話題適時拋出來，就可以輕鬆開啟對話。

近期的時事、當紅的熱門話題，都是聊天的好材料。如果還能夠主動多分享自己的見解，而不只是把媒體的報導照說一遍，就更能引起別人和你討論的興趣。

另外，平常要多觀察，記下別人感興趣或者和大家都有關係的話題，如：某位同學特別喜歡的偶像團體、某些商品的折扣消息等，需要的時候就能派上用場。

你也可以用「對方會感到開心的話＋一個問題」來開啟對話，如：「哇！你買到明星限定商品啦！排了多久啊？」、「你這鞋不錯看，哪裡買的？」聊得越多越久，你就越知道大家都感興趣的話題是什麼。

2 延續話題

對於別人發起的話題，積極做出回應，就像是把對方發過來的球漂亮的打回去，彼此的對話就可以繼續愉快的進行下去。

以下是幾種很好用的回應方式：

1 簡短回話＋一個問題

「你昨天有看BTZ的回歸舞臺嗎？」

「沒有。你看了嗎？」

「是啊，他們真是太帥了。」

「是喔。你覺得最帥的是什麼啊？」

「就是他們的舞跳起來超威～」

「嗯。你對舞蹈特別有感喔？」

「舞臺設計也很棒呢！」

「喔，是喔。那趕快說來聽聽～」

只要掌握這個句型，就算是「木訥寡言型」的人，也可以和別人聊開來，還能從別人身上學到很多東西喔！

2 引用對方說過的話＋一個問題

「BTZ這次回歸舞臺的設計很棒呢！」

「說起舞臺設計，你覺得這次最棒的地方是哪裡啊？」

發現了嗎？只要把「說起……，我覺得……」當中的「我」換成「你」，就可以大大改善「好為人師」的毛病，成為人人喜歡的聊天對象了！

3 回答對方的問題＋一個觀點感受或一個問題

「你昨天有順利買到BTZ的限定商品嗎？」

「沒有耶……，好遺憾喔！」或「沒有耶……，有誰買到了嗎？」

「我也覺得好可惜喔！」或「好像大家都沒買到，看起來真的很搶手啊！」

這個句型對於「鉅細靡遺型」的人特別有用。抓住別人的提問，分清楚別人想問什麼、不需要知道什麼，很快的就能學會「講重點」了喔！

3 巧妙轉換發言權

桌球桌上，在一方獲得兩分後，就要換對方發球。對話、聊天也一樣，適時轉換發言權，才會讓雙方都覺得愉快，下一回也就會想再和對方交談了！這也是「喋喋不休型」最該留意的事情。

喋喋不休的人，可能只是怕冷場，未必想要搶鋒頭。但急著說話，就會忽略別人正想發表意見的線索。以下幾個方法，可以讓對話換邊發球。

◆注意對方話語

當有人說「對啦、你說的是沒錯、不過、可是……」這類話語時，通常代表他們有話想說。這時候可以說「要不要說說你的看法……」，就是換邊發球的最佳句型了。

◆適時鼓勵對方

每個人都希望得到別人的肯定。在對話中，對別人說的話展現感興趣的樣子、對自己也認同的觀點表示支持。有了這些愉快的交流作基礎，未來就可以討論更深入或彼此觀點不同的話題。

◆無縫接下發言權

輪到自己發言時，先肯定前一位說話者的意見。千萬不要突然改變話題，或是直接跳到自己感興趣的事情上，才不會讓對方覺得你根本不重視他說的話喔！

聊天就像打桌球，中間要「有來有往」，才是好的聊天或對話。

平常多留意大家都有興趣的事物，在聊天時將這些當成話題適時拋出來，就能跟其他人輕鬆開啟對話。

對別人發起的話題積極做出回應，彼此就可以愉快的繼續聊下去。

當你自己說了一段話後，適時丟話給對方，轉換發言權，讓對方也有機會發言，才會讓雙方都覺得愉快。

1. 列出你最希望可以輕鬆對談、愉快聊天的幾個對象。

2. 觀察並記錄他們在和別人聊天中，表現出來感興趣的話題有哪些。

3. 兩相對照，看看自己原先判斷的準確性多高，修正自己誤判的部分，運用到下次的聊天中。

痛點 3

說的話老是被誤會，我該怎麼辦？

怎麼說才能讓對方理解我的意思？

放學後
七年一班
公園旁那條街上開了一間蛋糕店耶！
裡面看起來很漂亮喔。
MIMI CAKE
對，我昨天經過時有看到。
那我們等等就去吃看看吧！
啊
巧柔！
我們要去新開的蛋糕店，你要不要跟我們一起去？
來嘛來嘛！
反正段考剛結束，輕鬆一下～

聽起來好像不錯耶！只是我不太想去……
不錯吧，就一起去吧！
走囉~
不過最近要存錢買藍芽耳機，這樣一去又會花錢了！
還是不要去，
省下來才能存錢買想要的東西。
我身體不太舒服，還是早點回家休息好了。
咦，剛剛看你還好好的啊！
應該是心情不好吧？
你去吃完好吃的甜點，就會好了！
沒錯沒錯，心情不好就更要跟我們一起去啊！
走啦，不要想這麼多了！

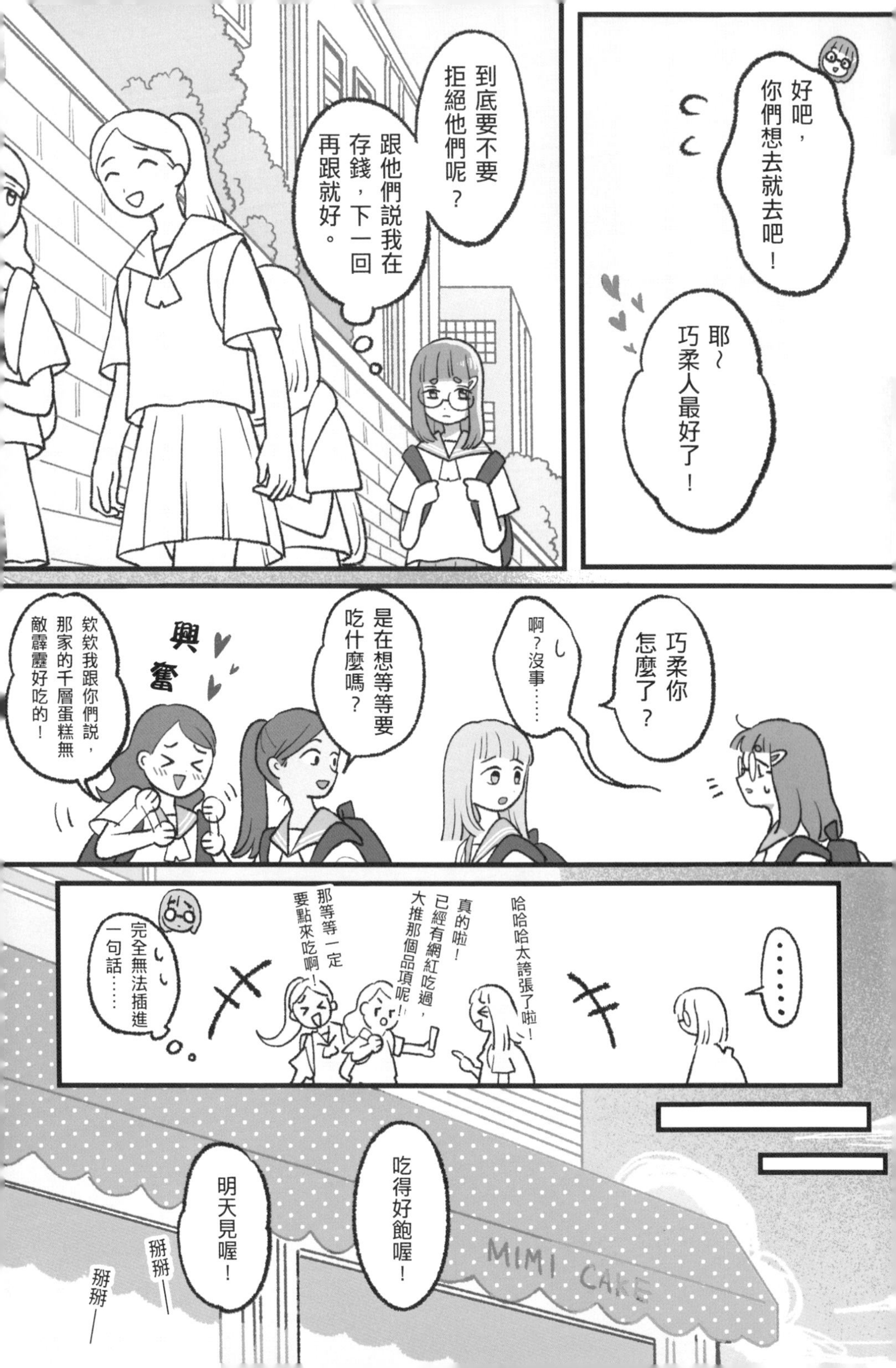
好吧，你們想去就去吧！
耶~巧柔人最好了！
到底要不要拒絕他們呢？
跟他們說我在存錢，下一回再跟就好。
巧柔你怎麼了？
啊？沒事……
是在想等等要吃什麼嗎？
興奮
欸欸我跟你們說，那家的千層蛋糕無敵霹靂好吃的！
……
哈哈哈太誇張了啦！
真的啦！已經有網紅吃過，大推那個品項呢！
那等等一定要點來吃啊！
完全無法插進一句話……
吃得好飽喔！
明天見喔！
MIMI CAKE
掰掰—
掰掰—

雖然甜點很好吃，
但這個月零用錢花光光了，嗚嗚～
喔！
是羽哲哥的店，去看大家在不在。
甘丹咖啡
嘿大家！
嗨巧柔！
巧柔也來啦，看起來心情不太美麗喔！
我剛剛跟其他同學去吃甜點，結果把這個月的零用錢花光了。
我本來想要存下來買藍芽耳機的……
是喔？你有跟他們說你在存錢嗎？
這個嘛，我沒有特別說……
以後真的不想去的話，
就要試著清楚表達自己的意思，才不會被誤會喔！
甘丹

「說清楚、講明白」有那麼困難嗎？

你也碰過像巧柔這樣的情況嗎？明明心裡想拒絕，而且都已經想辦法委婉暗示了，偏偏別人就是聽不出來。結果老是被誤會，最後只好勉強配合別人。但事後又很氣自己，為什麼就是沒辦法把真正的想法、感受和需求說清楚、講明白。

像巧柔這樣的人，個性體貼、隨和，是團體中那個默默、不搶眼的人物。這樣的個性也會影響溝通習慣，總是先考慮別人，無法堅持自己，就會說出容易引起別人誤會的話語。常見的有以下三種：

1. 矛盾式訊息：話語中同時包含了「要 vs. 不要」、「好 vs. 不好」等兩個互相矛盾的訊息。

2. 隱藏式訊息：不敢直接說出自己的想法、感受和需求，習慣找藉口，結果反而引來更多誤會。

3. 不完整訊息：雖然有試著表達自我，但說得不完整，以至於別人還是不了解。

辨別語言訊息的種類

來幫巧柔分析一下，看看她在漫畫裡講的幾句話，分別是哪種語言訊息（可複選）。請把它們連起來，再對照答案，看看你的分析對不對。

1. 矛盾式訊息	2. 隱藏式訊息	3. 不完整訊息
◎	◎	◎
◎	◎	◎
A. 聽起來好像還不錯耶！只是我不太想去……	B. 我身體不太舒服，還是早點回家休息好了！	C. 好吧，你們想去就去吧！

答案：A-1&3、B-2、C-2&3

為什麼沒辦法說清楚、講明白？

仔細再看一次漫畫，你會發現巧柔真正的決定是「最近要存錢買藍芽耳機，還是不要去好了」，但她從頭到尾都沒有把自己的想法、感受、需求說清楚、講明白。結果，一邊吃著甜點，一邊想著那個離自己越來越遙遠的藍芽耳機，就算甜點再好吃，巧柔恐怕也會有「食不知味」的感覺吧！

另外，同學們一開始也只是問了「你要不要跟我們一起去」，並沒有非要巧柔答應的意思。但經過和巧柔幾句對話以後，大家還是不知道她的想法和感受，也無法回應她的需求，反而更加誤以為她想去。

這到底是怎麼一回事呢？

先來分析一下巧柔的「語言訊息」吧！

「語言訊息」指的就是我們說的話，這是人際溝通最基本的內容，目的是讓對方了解我們。但以下三種訊息反而會造成誤會：

1 矛盾式訊息

當同學邀巧柔一起去吃下午茶時，巧柔的回答是：「聽起來好像還不錯耶！只是我不太想去……」，這裡就出現了「還不錯」和「不想去」兩個自相矛盾的訊息了。

而斷章取義是人際溝通常見的現象，也就是說人們傾向從別人的話語中選出自己想聽到的。所以，巧柔一說「還不錯」，同學們很快就認定巧柔「想去」，沒有人注意到巧柔後面還說了「不想去」那句不太給力的話，她的想法就這樣完全被忽略了。

2 隱藏式訊息

巧柔腦內小劇場繞了好幾回後，她心中其實已經下了決定，也就是「不要去吃下午茶，省下來才能存錢買想要的東西」。但巧柔卻是這麼跟同學說：「我身體不太舒服，還是早點回家休息好了！」

巧柔用「身體不太舒服」這個不實藉口，把「要存錢買藍芽耳機」這個真實理由給掩蓋起來了，這句話就是非常標準的「隱藏式訊息」。

想像一下，如果你是她的好朋友，而且認定她想去，你會怎麼回應呢？「剛剛看你還好好的啊！」、「應該是心情不好吧？」、「心情不好就更要跟我們一起去啊！」、「走啦，不要想這麼多了！」

發現了嗎？隱藏式訊息往往會帶來更多的猜想、推測和說服，結果反而讓巧柔更加有口難言了。最後她說：「好吧，你們想去就去吧！」，而她真正想表達的卻是：「我希望你們可以聽得出來，我其實不想去」，這也是一種隱藏式訊息。

3 不完整訊息

完整的訊息包含「事實、想法、感受、需求」四個部分。當我們自己沒辦法把這些溝通內容理清楚，或者因為個性、成長經驗等原因，以至於不習慣把它們說出來時，就很容易出現不完整訊息，造成人際溝通上的誤會。

從巧柔的內心獨白看得出來，她的思路其實還滿清楚的：

◆同學約我一起去吃下午茶↓事實

◆這家下午茶好像不錯↓想法

◆最近要存錢買藍芽耳機↓需求

◆一去又會花錢↓事實

◆省下來才能存錢買想要的東西↓想法

◆還是不要去好了↓想法

她甚至連解決方法都想好了，也就是「跟他們說我在存錢，下回再跟就好」。但她從頭到尾都沒有把自己的想法、感受和需求完整的表達出來，同學當然也就不會知道她的為難了。

CHECK 你「有口難言」的指數有多高？

你是否也常發生有口難言的情況呢？仔細閱讀以下 10 個題目，並依照你的直覺勾選「是」或「否」。

題目	是	否
1. 你是否常碰到「話到了嘴邊就打結」的狀況？		
2. 碰到互相衝突的選擇，你總是猶豫不決嗎？		
3. 你是否覺得和別人和諧相處比堅持自己更重要？		
4. 想法跟別人不一樣時，你是否會很猶豫要不要說出來？		
5. 你覺得自己是個很隨和的人嗎？		
6. 你是否認為拒絕別人就會遭人討厭？		
7. 你是否很難開口跟別人說自己想要或需要什麼？		
8. 你是那種很容易害羞或緊張的人嗎？		
9. 你是否很在意別人喜不喜歡你？		
10. 你是否常用委婉、暗示的方式表達自己的想法和需求？		

計算你答了幾個「是」，就是你「有口難言」的指數。指數越高，代表你在表達自己的想法、感受和需求上，有越多地方還可以再提升喔！

三個步驟，讓你不再有口難言

想要逃脫「有口難言」的困境，享受「我口說我心」的順暢溝通嗎？只要依照以下三個步驟多多練習，你將會看見自己的進步！

1 列出完整的語言訊息

你可以運用93頁的「溝通幸運草」，練習探索自己的內在世界，幫助自己列出完整的訊息，避開矛盾和隱藏式的說話習慣。做法如下：

1. 先在紅色框框裡寫上相關事實。
2. 再把想法都寫在藍色框框裡。內容要包括：只考慮自己時，你有什麼想法；考慮到別人時，你又有什麼想法。
3. 接著把你對整件事情的感受寫在黃色框框裡。這時候的情緒通常會比較像衝突、矛盾、猶豫、為難、尷尬等。
4. 最後仔細問自己，你有哪些需求，並按照對你的重要性排下來，寫在綠色框框裡。

用巧柔的例子來示範，她的溝通幸運草就會長得像94頁。

2 表達完整的語言訊息

把整理好的訊息放到和別人的對話中，清楚的說明自己的狀況，表達自己的想法，或者試著提出替代方法。

溝通幸運草範例

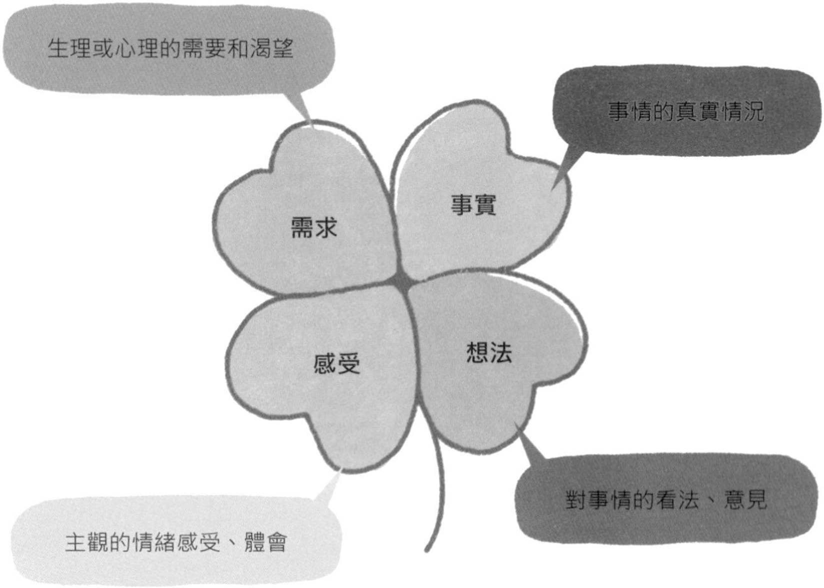

用巧柔的例子來示範，她的溝通幸運草就會長得像這樣

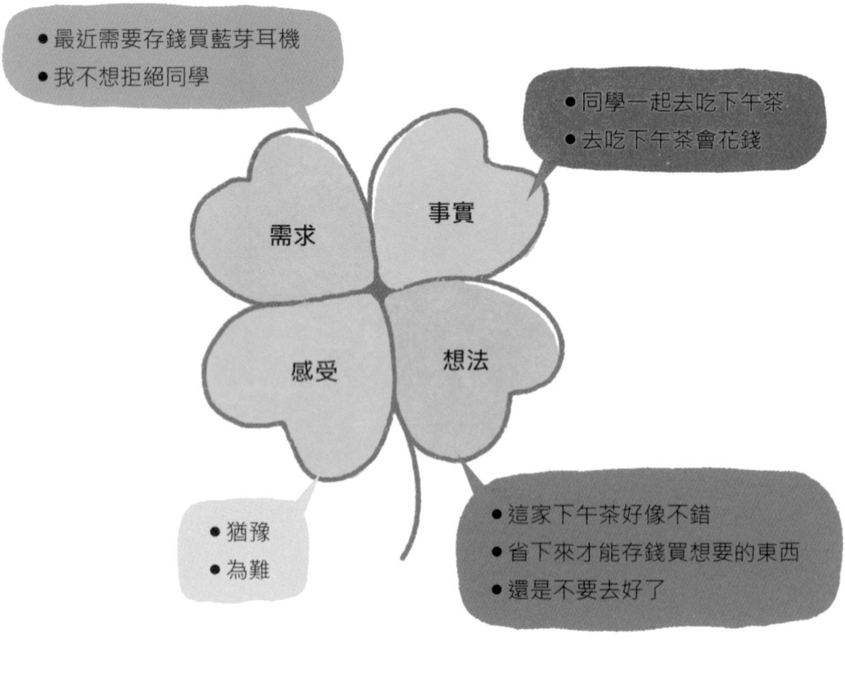

• 最近需要存錢買藍芽耳機
• 我不想拒絕同學
• 同學一起去吃下午茶
• 去吃下午茶會花錢
需求
事實
感受
想法
• 猶豫
• 為難
• 這家下午茶好像不錯
• 省下來才能存錢買想要的東西
• 還是不要去好了

同樣以巧柔為例，就會得到以下這樣的對話：

同學：「你要不要跟我們一起去？」

巧柔：「聽起來好像還不錯耶！可惜我最近要存錢買藍芽耳機，錢得省著用。」

同學：「那妳可以點最便宜的就好，去感受氣氛，輕鬆一下嘛！」

巧柔：「我怕去了會忍不住花錢，還是早點回家，這次先不跟好了！」

同學：「喔，好吧！」

巧柔：「這次不能去，超級遺憾的啦！妳們先去，告訴我那家店什麼好吃，我下一回再跟好了！」

看到這裡，相信你已經發現，完整表達可以幫助別人了解你的想法、感受和需求。如果是好朋友，一定能了解你的苦衷，也不會強人所難，甚至還會幫忙想辦法，例如「點最便宜的」、「這次我請妳，等妳買了耳機，下次換妳請」，或者不用巧柔說，就有同學會提議「沒關係，那妳下回再跟」。

只要把話說清楚，不只可以得到大家的理解，還可能互相激盪，產生許多兩全其美的辦法呢！

3 強化非語言訊息

在溝通當中，除了語言內容本身之外，我們的聲調、語氣、表情、手勢、姿勢等非語言訊息，也都可以非常有效的幫助我們好好表達。

微弱的音量、不確定的語氣、沒有變化的表情、下垂的手勢，還有彎腰駝背、身體稍微向後傾的姿勢，都很容易讓別人覺得你講的話不太確定、不太重要。

漫畫中的巧柔帶著變化不大的表情，真的會影響溝通效果，讓同學掌握不到她的真實想法，不知道那些話才是重點。

就以「聽起來好像還不錯耶！只是我不太想去」來練習看看吧！

先用一樣的語氣、聲調、表情把整句說完。接著，請你試著把「聽起來好像還不錯耶」小聲且快速的帶過，臉上不要有太強烈的開心表情，然後再用慢一點、大聲一點的方式強調「只是我不太想去……」，同時臉上露出為難的表情。

感覺到其中差異了嗎？第一種方式，別人聽到的重點是「你覺得還不錯」；第二種方式會引導別人去注意「你不想去」這個訊息，接下來對方就可能會問你為什麼不想去，你也就有機會完整的表達自己的想法、感受和需求了！

調整語言和非語言訊息後，若你發現自己還是很難拒絕別人，那就不只是溝通技巧的問題，而是你太在意別人，擔心拒絕後會讓他們不喜歡你。

其實，只要把拒絕和接受掌握在4：6的比例，也就是10次邀請中，你大約拒絕4次，而且每次都能說清楚、講明白拒絕的原因。那麼，真正重要、友好的關係，是不會因為這樣就破裂的。掌握好這個黃金比例，你就可以放心的拒絕，好好說出心裡話了！

- 如果說出的話充滿矛盾、隱藏式訊息，大家就沒辦法理解你真正的想法。
- 完整的訊息包含「事實、想法、感受、需求」四個部分。當我們沒辦法把它們說出來時，就容易造成其他人的誤解。
- 運用溝通幸運草練習列出完整訊息，並試著把整理好的資訊放進與人的交談中，讓自己可以清楚表達自身感受與需求。
- 在談話中，適度運用語氣、表情、手勢等非語言訊息，可以讓我們更有效的表達自己的需求。

1

找一位你信任的朋友、家人或師長，跟他們說明什麼是「完整的訊息」，請他們陪你練習。

2

選一個你想拒絕卻很難直說的事情，運用「溝通幸運草」列出完整的訊息內容，再跟對方描述相關的事實，說說你的想法、感受，並提出你的需求。

3

你講完之後，請對方用他自己的話，重複一遍所有的訊息。你可以更正錯誤的地方，並進一步了解對方為什麼會產生這樣的誤會，作為未來改進的方向。

痛點 4

為什麼每次關心朋友，
總得到「說了你也不懂」的回應？

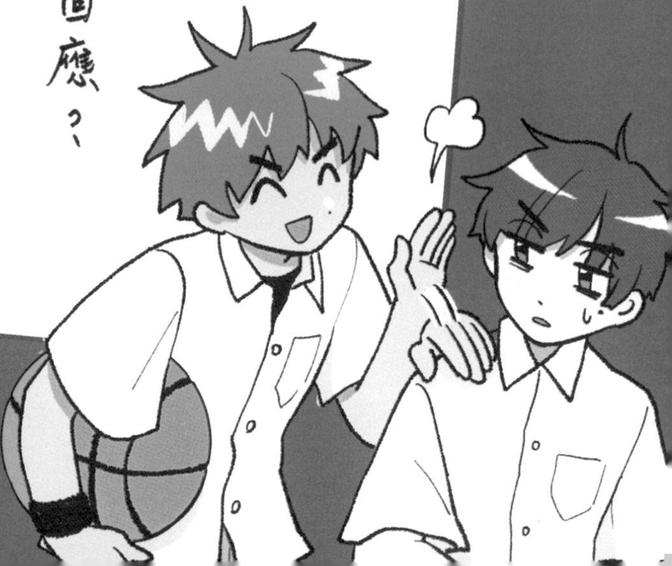

想關心朋友，卻得到反效果，該怎麼改善呢？

嘿哥們，
你怎麼啦？
唉～
我在網路上看到W限量球鞋
這代購竟然比別家便宜一千元耶～
NT.4999
我不疑有他就訂了下去
機會難得，趕快訂下去！
訂購成功
ATM
匯款成功
但鞋子一直沒寄來，
我才疑惑上網查這個代購的評價，結果發現根本是詐騙集團。
嗚嗚，我的零用錢……
這個代購是詐騙！
不要跟他買！
所以我這幾個月存下的零用錢也沒了。

……
♪
這還好吧，沒什麼啊～
你根本沒在聽！
我上次也有碰到類似這種狀況，
但我後來就覺得算了。
打起精神來，
這又沒什麼大不了。

放學後
喔耶放學了！
走吧，我們去打球。
……
唉呦被騙這點小事，你就別一直想了。
！
什麼叫這點小事?!
你幹嘛生氣啊？

福利社
福利社
怎麼一堆人跑去那……
是發生什麼事了嗎？
欸，天下無敵要好的彥辰和天誠竟然在打架耶。
?!
那怎麼可以錯過呢？
機會難得啊。
到底怎麼了？
我的天……
好耶——
再給他一拳！
打啊！
他們兩個講沒兩三句，就打起來了……
你們兩個不要打了啦！

天誠有「聽到」彥辰說的話嗎？

你也碰過像天誠這樣的情況嗎？看到好朋友心情不美麗，想關心一下，就去問他發生什麼事。沒想到說著說著，對方突然冒出一句「你根本沒在聽」，還對你發脾氣。

好好的一場暖心療癒劇，不知道為什麼會演成霹靂武打戲，最後總是在「他覺得生氣、你感到莫名其妙」的紛爭中，草草收場。

當朋友心情不好時，他最需要的往往就只是有人願意好好傾聽他，讓他可以盡情吐吐苦水、宣洩情緒。

傾聽讓我們能夠真正「聽到」對方說的話，以及那些沒說出口的情緒感受，讓對方感到「你懂我的心」。

「有聽沒有到」則是傾聽的絆腳石，它會讓對方越說越氣，甚至關上溝通大門，不再跟我們說心事。常見的傾聽絆腳石有以下幾種：

1. **沒有專心聽**：沒有把注意力放在對方的身上，而是繞著自己在打轉，包括：分心、轉移話題或焦點等。

2. **不懂同理心**：沒辦法了解、體會對方的想法、情緒、需求、期待等。

3. **太自我中心**：自己怎麼想，就認為別人也應該這麼想，包括：直接指導、建議，或者用自己的想法來批評、指責對方等。

比對看看是哪一款傾聽絆腳石

來幫天誠分析一下，看看他在漫畫裡的一些表現，分別屬於哪種傾聽絆腳石（可複選）。請把你的答案圈起來，再核對診斷正不正確。

種類：1. 沒有專心聽　2. 不懂同理心　3. 太自我中心

行為或話語	種類		
A. 邊聽邊玩籃球。	1	2	3
B. 這還好吧，沒什麼啊！	1	2	3
C. 我上次也有碰到類似這種狀況，但我後來就覺得算了。	1	2	3
D. 打起精神來，這又沒什麼大不了。	1	2	3
E. 欸走吧，我們去打球。	1	2	3
F. 唉呦被騙這點小事，你就別一直想了。	1	2	3

答案：A-1、B-2&3、C-3、D-2&3、E-1、F-2&3

為什麼會「有聽沒有到」？

聊天和談心是兩回事，就算平常無敵要好、超級有聊的好朋友，也要學會傾聽對方，才能讓友誼長存。

就像漫畫裡的彥辰和天誠，當彥辰心裡有事，天誠卻「有聽沒有到」，彥辰就會產生「你根本不把我當一回事，這算什麼朋友」的感覺，友誼多少會受影響。

其實一開始，看到正在唉聲嘆氣的彥辰，天誠主動問了一句：「你怎麼啦？」表示他有關心彥辰。那再來解析一下，天誠後來的表現為什麼讓人覺得他根本就「有聽沒有到」，反而變成傾聽的絆腳石了。

1 沒有專心聽

1 分心

因為天誠的關心，彥辰開始滔滔不絕的說了一串話，這代表彥辰非常希望有人好好聽他說。結果，天誠不但沒有任何回應，還一邊練著花式籃球。

這種分心的表現，完全符合「沒有專心聽」的標準，也難怪當彥辰突然發現天誠自顧自的在練他的球技時，整個人火大了起來。

彥辰的怒吼「你根本沒在聽」，也是人際溝通中最常聽到，對於「沒有專心聽」的控訴。

2 轉移話題或焦點

放學後，彥辰還沒走出被騙的氣惱中，一心只想著要打球的天誠興奮的跑來邀彥辰。

這種突然轉移話題或試圖轉移焦點的行為，會強烈傳遞出「我對你說的事情沒興趣」的訊息。這個態度會阻礙友誼的發展，而身在其中的人往往不知道問題出在哪裡。就像天誠，吃了閉門羹，只覺得尷尬、莫名其妙。

2 不懂同理心

彥辰在說被騙的經過時，不時發出嘆氣聲，或是生氣的敘述細節，在在顯示出他正處在強烈的情緒。仔細觀察他的表情和肢體動作，也看得出來他對於因小失大的懊惱、零用錢沒了的痛苦，以及被騙的憤怒。

這時候的彥辰，最需要的是天誠能夠感同身受，表達了解和支持。但是天誠從頭到尾沒有回應彥辰的情緒感受，或許是真的無感，也可能是不知道怎麼同理別人的情緒。

3 太自我中心

想像你正為某件事情感到後悔、懊惱、生氣，耳邊卻傳來這樣的聲音：

A. 這還好吧，又沒什麼大不了的。 評價

B. 這點小事，幹嘛那麼生氣。 評價

C. 我上次也……，但我都……，就沒事了啊！ 教誨

D. 不是跟你說過……，你就是不聽才會這樣。 教誨

E. 你就別一直想了！ 勸導

F. 打起精神來吧！ 勸導

此時的你，會覺得心情變得好一點嗎？

根據研究指出，聽到像這樣的「關心」，多數人不但心情不會變好，還會覺得自己像個傻瓜。好像自己有這些情緒是不應該的，而感到更煩、更悶、更生氣，甚至覺得對方根本不了解你。

因為A、B的說法表現了對我們的評價，C、D像上對下的教誨，E、F則是一種勸導。這些說法都強烈散發出「我的想法比較好、我的做法比較對、照我說的做就對了」之類的訊息，也就是完全用他的立場、角度來評斷我們碰到的事情。這些都是過度自我中心的表現，也難怪會成為傾聽的絆腳石之一。

CHECK

你的傾聽能力有多好？

運用下方的步驟，檢測你擁有多少傾聽能力。

步驟 1：仔細回想，當朋友心情不好找你傾訴時，會不會出現以下情況，並圈選合乎你狀況的分數。
步驟 2：將 5 個題目的分數加起來，就是你該分項能力的得分。
步驟 3：再將 3 個分項能力得分加起來，就是你的傾聽能力總分。

專注能力	從不	偶爾	經常	總是
1. 我會以點頭、說「嗯」等方式回應對方。	1	2	3	4
2. 對方會說：「你根本沒有在聽我講」。	4	3	2	1
3. 我會一邊聽一邊做其他事情。	4	3	2	1
4. 我會運用眼神讓對方知道我在注意聽。	1	2	3	4
5. 我會聽他講完一段落再說話。	1	2	3	4

得分：______ 分

同理能力	從不	偶爾	經常	總是
1. 我可以敏銳覺察對方的情緒或有沒有心事。	1	2	3	4
2. 我能聽出對方話語中的弦外之音。	1	2	3	4
3. 對方有情緒時，我會不知道該怎麼回應好。	4	3	2	1
4. 對方會表示我有說中他的想法和感受。	1	2	3	4
5. 對方會抱怨我太愛說教或講道理。	4	3	2	1

得分：______ 分

開放（不自我中心）能力	從不	偶爾	經常	總是
1. 意見不同時，我總是很難和對方繼續談下去。	4	3	2	1
2. 對方在我面前都會暢所欲言。	1	2	3	4
3. 我會鼓勵對方多說說他的想法和感受。	1	2	3	4
4. 我很樂意給對方一些建議或忠告。	4	3	2	1
5. 我會請對方多舉一些例子來說明他的想法。	1	2	3	4
得分：______ 分				

傾聽能力總分：______ 分

解析
- 46-60 分：你擁有優秀的傾聽能力，請繼續精進。
- 31-45 分：你傾聽能力已相當不錯，可再多練習。
- 15-30 分：你的傾聽能力還有很大的進步空間，可以多學習如何專注、同理，改善自我中心的習慣！

三大技巧，提升你的傾聽能力

想要改善「有聽沒有到」的情況，成為懂得關心別人的傾聽者，可以從學習並熟練以下三大技巧開始。

1 專注技巧

專注傾聽不代表一定要很嚴肅的面對面，而是懂得運用眼神、手勢、身體姿勢等肢體語言，讓對方感受到你正在注意聽他說話。請使用117頁所列的四點，來改善自己的專注能力。

1 保持目光接觸

2 身體微微向前傾

3 點頭表示聽到或贊同

4 做出適當的表情

例如用微笑回應對方說的愉快事情；當對方談到嚴肅或負向情緒的話題時，可以微微皺眉來回應。

另外，避免做出分心的動作姿勢也很重要。例如，當別人在向你吐露心事時，低頭去看手錶、滑手機，或者整理東西、把頭轉向別的地方等，都會讓對方覺得你心不在焉，對他說的事情不感興趣。

2 同理技巧

同理心是指能夠了解別人的內在想法和感受，並且能以關懷的態度向對方表達你對他的了解。同理心可以讓我們和別人產生情感連結，所以對人際溝通特別有幫助。

以下有兩個具體的方式，幫助你同理他人。

1 幫對方做摘要

對方講完一段話之後，你可以用自己的話簡單的把對方的意思重複一次，如：「我聽到你說……」或者「你的意思是不是……」，對方就會知道你有專心在聽。

例如，彥辰講完後，天誠可以這麼說：「你一開始想說機會難得就下訂了，等了好久都沒收到，一查才發現被騙了……」。

當你的理解有錯時，對方一定會回：「不是那樣，是……」，這麼一來，你就有機會更加了解對方碰到什麼事了。

2 反映對方的情緒

情緒很微妙，很多時候連自己都不清楚，只知道心裡難受，想找人說說。「反映」是指像鏡子一樣，先去了解對方的情緒感受是什麼，然後清楚的回饋給對方。如果說對了，就能幫助對方覺察自己的情緒，並因為被了解而得到抒解。說錯了，對方可能會提出改正，並且把他的感覺說得更清楚，達到宣洩的效果，也讓你更加了解他的特質。

例如，天誠可以跟彥辰說：「你心裡一定很嘔吧！」、「被騙的感覺真的很難受」、「如果是我，我也會很生氣」，這些說法都能讓彥辰感到被了解，兩人的友誼也會加分。

3 開放技巧

傾聽是為了要了解對方，而不是要表現自己的想法、感受或價值觀等。暫時把自己放到一旁，才能夠從對方的角度看待一切。

如果你發現自己常常犯下和天誠一樣的毛病，或者覺得自己有「太自我中心」的傾向，以下幾個做法都能幫助你變得更開放，更能傾聽別人喔！

1. 對方說完，你要回覆前先暫停3秒鐘。
2. 刻意練習，和好朋友輪流說和聽。
3. 不假定自己知道對方要說什麼，不打斷對方的話。
4. 對方沒尋求你的意見時，不主動給建議。
5. 不說評價、教誨、勸導式的話。

懂得傾聽，會讓對方感受到關懷和尊重；當別人從你身上收到關懷與尊重時，他們也會以同樣的方式回報你。學會傾聽，真的是一件很棒的事情！

情緒詞彙小辭典

知道越多情緒詞彙，就越能分辨不同情緒，傾聽也會越正確到位。以下列出幾種正負向情緒，你可以參考這些內容，來推敲朋友的情緒；也可以把新發現的情緒加進去，豐富你的情緒辭典。

正向情緒

快樂　有價值
安全　被愛
自信　樂觀
感恩　滿足
開朗　歡喜

負向情緒

難過　痛苦
害怕　徬徨
煩惱　退怯
討厭　被拒絕
悲傷　著急

- 在傾聽他人的時候，若不專心聆聽、沒有同理心、回覆時太自我中心，都會讓對方覺得你沒有在聽或不被理解，後續容易關上溝通的大門。
- 想成為關心別人的傾聽者，可以從學習並熟練專注、同理、開放三技巧開始。
- 懂得傾聽的人，會讓對方感受到關懷和尊重，別人也會用同樣的方式與你互動，形成一個良善循環。

1

想想別人的哪些舉動，會讓你覺得他「心不在焉」？把它們記下來並標示為「X」，提醒自己盡量避免。

2

再想想別人的哪些舉動，會讓你覺得他很專心在聽你說？把它們記下來並標示為「O」，提醒自己多多練習。

3

找好朋友練習傾聽，請他幫你記錄你是否有做出「X」或「O」的舉動，並記得修正錯誤，肯定自己的進步。

痛點 5

明明很困擾，為什麼就是說不出心裡的感受？

朋友讓我很困擾，
該怎麼跟他說比較好？

某天放學後
那明天見啦！
我要去補習了！
欸欸
最新的漫畫月刊出刊了！
那我跟你借～
好，但你不要看太久，因為我還沒看完……
謝謝！
我去打球啦！
也走得太快了吧！
……

他跟你借東西，會不會很久才還啊？
豈止很久，有時候根本就忘記還。
還是因為時間太久，我自己突然想起來，去跟他要回來。
是喔？
原來他對你也會這樣……
怎麼，你們也都有碰到嗎？
對啊，上次他跟我借一組雕刻刀，
但他一直沒用就算了，還久久沒還我。
借我做一下美術作業。
下禮拜要還我，我之後比賽會用到。
結果我某一天美術大賽要用到，還差點出包。
奇怪那個東西去哪了，
該不會還在天誠那吧？

上回我也碰到類似的情況。
他跟我借筆記去印
拜託～借我筆記印啦。
誰叫你要臨時抱佛腳！那你下週要還我喔。
會的會的。
我的筆記咧？
天哪，我忘了帶！
明天就要考段考了耶，你是要叫我怎麼複習……
明明說好隔一週要還我，他卻忘記帶……
其實硬要說，這些也不是多貴重的東西，
但碰到要用的時候，才發現他一直沒還，實在滿頭痛的。
沒錯，我也有同感。
看來大家都身受其害啊！
嗨，羽哲哥！
放學啦？
你們在聊什麼，聊得這麼起勁？

我們在聊天誠的某些習慣，讓大家很困擾。
他常常借了東西忘記還。
是喔？那你們有跟他提過嗎？
我不好意思特別指正他，
怕會傷害到友誼。
我以為他應該有自知之明啊！
我上一回是沒有特別對他說什麼……
你們得找個時間好好跟他說，聽起來他根本不知道你們都很困擾。
原來如此——
進我店裡坐坐，
我來教你們怎麼跟天誠溝通吧！

彥辰有「說出」自己的困擾嗎？

你有像彥辰這樣的煩惱嗎？朋友的某些習性，讓你感到困擾，但真要說起來，好像也不是什麼大不了的事情。你知道他不是故意的，只是對「自己的行為會帶給別人困擾」渾然不覺。

想跟他說，怕傷了彼此的友誼、顯得自己斤斤計較。不跟他說，就只能默默承受，又覺得對不起自己。

這時候，能不能好好表達自己的感受，往往是後續溝通會不會成功，問題能不能順利解決，最重要的一步。

當別人的行為為我們帶來困擾時，常見的表達方式有以下三種：

1. 積極進攻型：充分、強烈的表達自己的不滿，不管對方是什麼狀況。

2. 消極接受型：不直接表達，但會間接暗示，希望對方能有自知之明，主動改善。

3. 恰當表達型：用不批評、不指責的話語，把自己的困擾和期待，清楚的告訴對方。

三人敘述分別代表哪種「表達困擾」的方式？

請把答案寫在格子裡，然後再沿著樓梯往下走，碰到隧道就要先穿越才能繼續往下，最後就會知道答案正確不正確囉！

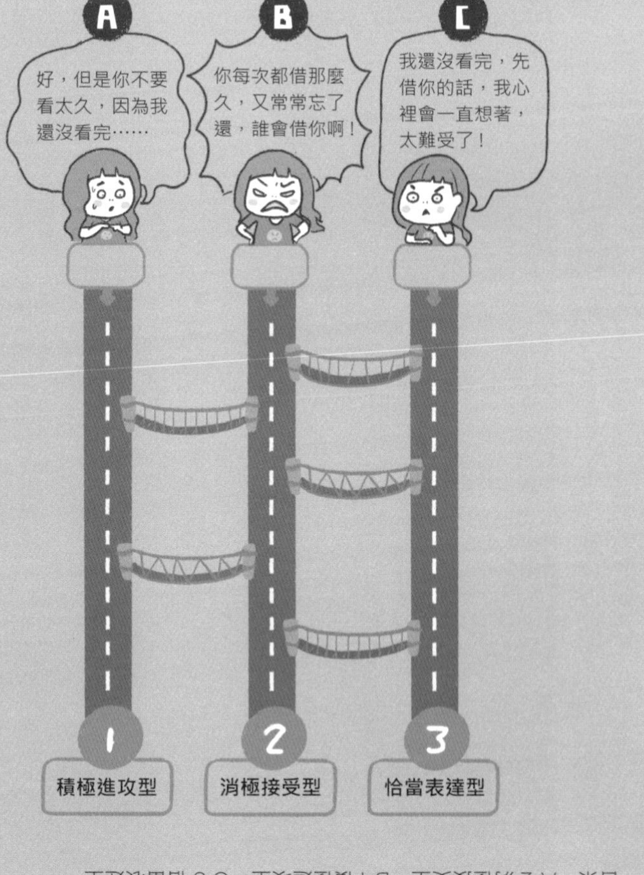

答案：A-2消極接受型、B-1積極進攻型、C-3恰當表達型

為什麼困擾總難說出口？

再要好的朋友，也有讓彼此不舒服的時候，這是人之常情。當對方的行為對你構成困擾，但他卻沒自覺時，就需要好好的向對方表達。

不過，要表達對別人的負面感受，並不是一件容易的事情。因為在成長過程中，常看到「積極進攻型」的表達方式帶來爭吵衝突，甚至感情破裂，結果就以為向別人表達負面感受一定會引發衝突。

漸漸的，很多人開始發展出「消極接受型」的表達方式。他們不明講，卻會用各種方式暗示對方，想要讓對方產生自知之明，主動改善。但因為對方本來就不自覺，這些間接溝通多半無法奏效。

就用彥辰的例子來說明吧！

1 語言暗示

說一些委婉、間接的話，像：「好，但是」、「我是說」、「你知道的」等來暗示對方；也可能用不太肯定的語氣，來表達內心的遲疑，如：「欸欸……」。

當天誠開口跟彥辰借剛出刊的漫畫月刊時，彥辰自己都還沒看完，心裡其實並不想當下就借給天誠。再加上天誠以前有「東西借很久、常常忘了還」的紀錄，彥辰就更擔心不知道什麼時候，漫畫月刊才會回到自己手上。

不過，他沒有直接跟天誠說：「等我看完再借你」，而是說：「好，但是你不要看太久，因為我還沒看完……」希望天誠聽到這句話以後，能夠主動說：「那你看完再借我」。

只可惜，暗示對個性大辣辣的人完全無效。天誠可能連彥辰那句「我還沒看完」都沒聽清楚，一手接過漫畫，就開心的去打球了。也難怪彥辰只能一臉錯愕的想著：「也走得太快了吧！」

2 非語言暗示

做出某些表情或動作來暗示對方，如：勉強、尷尬的笑容，皺眉、傻眼的表情等；身體也可能會稍微往後退，表現出不太想回應的樣子。

仔細觀察下面這二張圖，或翻回本章漫畫頁，更詳細的察看線索，你就會發現，彥辰的表情、動作，都流露出遲疑、勉強、擔心的情緒。只是這些暗示，對天誠完全無法發揮作用。

其實，不只彥辰，漫畫裡的凌薇和巧柔，也都有同樣的困擾。可見，要表達對別人的負面感受，真是最困難的人際溝通了！

CHECK 檢視你「表達困擾」的障礙指數有多高？

仔細閱讀以下 10 個題目，並依照直覺勾選「是」或「否」。

題目	是	否
1. 你是否認為好朋友不用說就應該知道你的感受和想法？		
2. 受到不公平的對待時，你是否會提出抗議？		
3. 別人向你表達感受時，你是否會覺得不自在？		
4. 你是否很能掌握自己的情緒？		
5. 你是否認為把自己的需求放在別人之上，是自私的表現？		
6. 你是否認為衝突有時候反而會增進彼此的關係？		
7. 你是否覺得讓朋友開心比自己開心更重要？		
8. 你是否能自然向別人表達自己的感受？		
9. 你是否堅信吃虧就是占便宜？		
10. 你是否認為直接說出來，別人才會知道你在想什麼？		

解析

- 奇數題（1、3、5、7、9）選「是」得 0 分，選「否」得 1 分。
- 偶數題（2、4、6、8、10）選「是」得 1 分，選「否」得 0 分。
- 將所有題目得分加總起來，就是你「表達困擾」的障礙指數。指數越高，代表你越需要學習下一節的技巧喔！

四個步驟，掌握「表達困擾」的技巧

當別人的行為帶給我們困擾時，最有效的溝通技巧就叫做「我訊息」。它是一種不批評、不指責對方，又能把自己，也就是「我」的困擾和期待，清楚告訴對方的說話術。可以依照下面四個步驟來學習並熟練。

1 具體描述對方的行為

用不帶任何批評、指責的語氣和情緒，把對方造成你困擾的客觀行為，很具體的說出來。以彥辰的例子做說明，看看下面幾個題目，你認為哪個是「具體描述對方的行為」，而不批評或指責的說法呢？

1. 你那麼不講信用，會害我很久都看不到。
2. 你以前會借一星期沒還我。
3. 你每次都借很久，又老是忘了還。

答案是「2」，你猜對了嗎？彥辰說的都是真實發生的事情，句子中也找不到任何批評、指責的語句。

再來看看答案「1」，「不講信用」就是批評別人的詞彙，「害我」則有指責的意味。這樣的說法，會讓對方產生想要為自己辯解的防衛心理。天誠或許會回說：「我哪有不講信用，每次約好去打球，我都準時到，遲到的人是你耶！」

又或者，因為天誠不是故意不還，他也可能會說：「我哪有要害你……」。結果，本來可以就「借一星期沒還」這件事，討論該怎麼辦，卻反而轉移了焦點，變成誰對誰錯、誰好誰壞的爭吵了。

至於答案「3」的問題出在哪裡，相信大家都看得出來。只要用了「每次、老是、常常、故意」這一類不客觀的用語，就會掉進像「哪有每次，我上次就沒有」之類的無謂爭論裡。

2 指出該行為對你的影響

其實，真正困擾我們的，往往不是行為本身，而是這個行為對我們造成的負面影響。唯有具體指出這個影響，對方才會知道我們真正被困擾的地方。

同樣用彥辰做例子，針對天誠可能「借一星期沒還」，下列哪一種回應方式，比較像是「指出該行為對你的影響」呢？

1. 我心裡會一直想著還沒看完的部分。
2. 我姊找不到月刊會罵我。
3. 你也太沒責任感了吧！

答案是「1」和「2」。對彥辰來說，「1」可能是最實際的後果。但如果漫畫月刊是他和姊姊合資購買的，「2」也可能是彥辰會受到的影響。至於答案「3」，很明顯是批評、指責別人的話語，相信你已經看出來了。

3 說出你的情緒感受

互相理解和尊重，是友誼最可貴的地方。把自己的情緒感受說出來，除了可以宣洩負面情緒，還可以讓對方了解你的想法、需求和個性、特質，讓彼此的友誼更堅固。

再來幫彥辰看看，針對「我心裡會一直想著還沒看完的部分」這個影響，他可以用哪句話來表達自己的情緒感受？

1. 找人借漫畫也要看時間啊！
2. 想看不會自己去買嗎！
3. 這樣太難受了。

聰明的你，想必一眼就看出答案是「3」了！

4 提出具體的期待

經過前面三個步驟之後，對方就會清楚的知道，他的哪個行為造成你什麼樣的困擾了。只要是真朋友、交情夠，對方一定願意調整行為。

但是，除了你自己，沒有人會知道你真正的需求是什麼，這時候，學習提出具體的期待，就變得非常重要。

想想看，如果你是彥辰，你會怎麼做呢？

1. 告訴天誠你幾天內會看完，之後就借他。
2. 答應先借他幾天，然後在期限前一天晚上和隔天早上，各提醒他一次，讓他記得帶去還你。
3. 跟天誠明說，你的漫畫月刊必須和姊姊共享，恐怕下個月才能借他，問他要不要先借前幾期回去看。

這一題沒有標準答案，最重要的是，你要了解自己、了解對方，才能提出合情合理的期待，讓自己不困擾，也讓對方不為難！

- 表達對別人的負面感受，不是一件容易的事情。但若用正確的方式表達，可以讓對方更了解你、尊重你，也讓彼此的關係更加緊密。
- 「我訊息」是一種不批評、不指責他人，又能把自己的困擾和期待，清楚告訴對方的説話方式。
- 運用「我訊息」的步驟為：具體描述對方的行為、指出這行為對你的影響、説出你的情緒感受、提出自己的具體期待。

1

運用146頁表格，想想有哪個朋友的某個行為讓你覺得很困擾，並以不批評、不指責的語句，具體描述這個行為，填在（一）下方空白處。

2

將這個行為對你的負面影響、你的情緒感受，以及具體的期待填在（二）、（三）和（四）下方空白處。

3

將以上四個欄位的內容，組成你自己覺得順口又完整的「我訊息」，並找信任的人練習表達。請他給你回饋並做修正，覺得有把握之後，就可以直接向讓你困擾的那位朋友表達。

（一）行為	（二）影響	（三）情緒	（四）期待
整合之後的句子：			

痛點 6

該怎麼和心儀的對象相處、溝通與交往？

想和心儀的對象成為朋友，
該怎麼做呢？

某天早上
走走走，我們去看布告欄。
哈哈，去看看到底是寫了什麼？
奇怪，是發生什麼事嗎？
咦？
媛媛 Love
那ㄟ安奈……
哈哈哈，是誰用這麼老土的方式啊？還貼在布告欄。
其實昨天就在網路上預告今天會貼出來了。
那帳號看起來像是亂設的，故意申請來惡作劇的。
……
怎麼會這樣……

那張海報，你不會很介意嗎？
還好啊，反正我很喜歡他。
唉呦，承認了！
這也沒什麼好隱瞞的。
之前就覺得你們在搞曖昧，也不趕快在一起。
欸，她都說喜歡你了。
唉
是也跟她關係不錯啦，不過就沒有到喜歡這一步。
要說喜歡的話，琪琪才是我心目中的對象。
但大家都誤會了，這該怎麼辦？

事情就是這樣……
甘 丹 咖 啡 coffee & cake
我不喜歡班上同學一直說三道四、
指指點點。
……
其他事情你都不在意，
看樣子，你是另有喜歡的人吧？
喀！
嗯……
我本來想大方的跟大家說，
不過又怕直接說了，會傷到媛媛的心。

我想說反正現在乾脆不動聲色，
不是就好了？
但你這樣完全都沒表示，最後也可能會傷到媛媛啊！
蛤？
你沒有具體否認，大家一定會信以為真啊！
喔……是這樣沒錯……
不管怎樣，這樣的事情還是要好好處理啦！
嗯！

「拒絕告白」一定會造成傷害嗎？

你或你的朋友也碰過像彥辰這樣的尷尬處境嗎？同學大方承認喜歡你，也表明願意進一步成為男女朋友，可你覺得關係雖然不錯，就沒到喜歡那個程度。

又或者你心中另有心儀的對象，那麼情況就更棘手了。你既擔心喜歡的人誤以為你喜歡別人，又怕沒處理好，會影響你在意中人心裡的形象。

這時，常見的行動策略有以下幾個：

1. 公開否認：你認為坦白否認是最好的解方，公開表明是最省事的做法。

2. 默不作聲：你相信時間會證明一切，不動聲色才是上上之策。

3. 私下商量：你會考量對方和班上的風氣，以及心儀對象的個性特質，先私下找對方聊聊，再決定要不要公開說明。

不同方式所帶出的結果會是什麼？

請幫助彥辰分析這三種策略，可能會帶來怎樣不同的結果。把它們連起來，再對照答案，看看你的分析對不對。

1. 公開否認	2. 默不作聲	3. 私下商量
◎	◎	◎
◎	◎	◎
A. 能夠多方考量個人和班上的種種因素，也能坦承自己的情感需求，最後做出的決定雖然難免讓對方感到遺憾，卻能將傷害降到最低。	B. 完全沒考慮對方的心理承受力，和班上的風氣。結果造成對方受風言風語傷害的可能性很高。	C. 對方可能越陷越深，最後才發現不是那麼一回事，內心受傷，未來連朋友都做不成。心儀的對象也可能誤會，轉而接受別人的告白。損失可能很慘重。

答案：1-B、2-C、3-A

為什麼連「拒絕交往」都有如此多不同的做法和結果？

由於個性差異，大家對「拒絕與被拒絕」的反應各自不同，結果當然也不會一樣。另外，性別本身也會造成我們和異性的成長經驗截然不同，對事情的感受、想法、需求、期待等，也就有了明顯的差異。

所以和心儀的對象交往，很多時候沒有標準答案。但只要多方學習，知己知彼，就能促進彼此的友誼。特別是剛進入青春期時，多數人並不知道怎麼跟異性相處；有時還因不了解、沒多想，而用了錯誤的態度和方法，造成別人甚至自己受到傷害。這時候，好好學習如何和異性交往，就非常重要了。

當然，和心儀的對象交往，要學習的內容很多，像是：「如何告白？有可能拒絕對方又不傷友誼嗎？」、「朋友和情侶的界線在哪裡？可以只當好朋友，不當情侶嗎？」、「怎麼看出危險情人？碰到危險情人該怎麼辦？」、「有辦法好好分手，不傷彼此的心嗎？失戀了好痛苦，怎麼辦？」等。除了這些，相信你心中還有很多很多問號。

最重要的是，當你在交往時感到疑惑、碰到困難，不知道怎麼做比較好的時候，一定要在生活周遭找到像羽哲哥這樣的前輩或朋友。跟他們談一談，抒解情緒之外，你會逐漸理清楚自己錯綜複雜的感情和想法，也就會知道該怎麼處理比較好。

就像漫畫裡的彥辰，同學把他和媛媛湊成一對，而且媛媛還大方承認喜歡他，可是他心裡真正喜歡的卻是琪琪。這時候，他第一個直覺反應是想要公開否認。但他接著馬上想到，直接說可能會傷到媛媛的心，所以又開始猶豫，想說還是不動聲色好了……

左右為難之下，彥辰去找了羽哲哥。還好善於傾聽的羽哲哥，從彥辰的語氣、表情，看出他心裡另有喜歡的人，而不單純是討厭班上同學說三道四、指指點點。

和羽哲哥談過之後，彥辰清楚知道「公開否認」和「默不作聲」都會造成他自己不想要的結果。雖然漫畫沒有帶大家看到最後如何了，但已經整理過思緒的彥辰，就有機會想出其他更周全的處理方式。

然而，彥辰也可以再多查一些資料，了解男生和女生對於被拒絕會有怎樣不同的感受和想法。再者，彥辰也可以多想想，他所認識的媛媛個性如何，或透過和琪琪比較熟的同學，了解琪琪對這件事會有什麼看法。

另外，設想班上同學會怎麼反應、班級氣氛會怎麼發展等這些環境因素也很重要，譬如：班上總是八卦流言滿天飛，也有很多同學喜歡鬧事，公開拒絕可能會讓媛媛很受傷。又或者是班上同學比較溫和，媛媛可能寧願公諸於世，就算被拒絕，她也可以大方表示喜歡不一定就要當男女朋友，保留自己跟別人交往的機會。

青春期是學習愛與被愛的關鍵階段，這個時候如果有「友達以上，戀人未滿」的朋友，就可以透過生活中的互動，好好學習相處之道。這不只會讓我們對現在的生活更滿意，學習、工作、參與社交活動也會更愉快順利，未來面對成年的親密關係，也會更有把握喔！

CHECK 你對青春期「兩性交往」的一般態度了解多少？

仔細閱讀以下 10 個題目，猜猜看多數青春期的人會選「是」還是「否」，並將你的猜測圈起來。

＊請特別留意，這裡要圈選的不是你自己的態度喔！

題目	圈選	
1. 對方喜歡我，但我只把他／她當朋友，那我就會保持距離。	是	否
2. 我相信男女之間有純友誼。	是	否
3. 我覺得對方常找我，就表示他／她喜歡我。	是	否
4. 我認為分手後還能繼續當朋友。	是	否
5. 我覺得女生主動告白，會被認為很隨便。	是	否
6. 我覺得對方苦苦追求，就應該要接受。	是	否
7. 我認為男女交往，有可能日久生情。	是	否
8. 我覺得兩個人常在一起，就一定是男女朋友。	是	否
9. 我認為有異性朋友就會很幸福。	是	否
10. 我認為個性合得來，才可能成為男女朋友。	是	否

解析

- 依照下方調查結果核對你的猜測，看看你猜對幾題。
  多數青少年選「是」的題目：1、2、4、7、10
  多數青少年選「否」的題目：3、5、6、8、9
- 猜對越多題，代表你越了解周遭朋友對兩性交往的一般態度。
- 回頭查看你猜錯的題目，並和周遭的朋友多討論，你對兩性交往會有更多真實的了解。

兩大方法，讓你和異性朋友交往更順暢

青春期的少年少女、特別容易對異性感到好奇。想和異性成為好朋友，讓彼此的交往更順暢，你可以運用以下方法。

1 了解性別差異

先來看看下面這個例子。女主角剛出了個小車禍，車子有點損傷，人也受到驚嚇，慌亂中打了電話給她的姊妹淘。看161頁的圖，猜一猜大部分的女性閨蜜，第一句話會說的是「1」還是「2」呢？

沒錯！他們多半會說像「1」這樣的話。也就是說，女性之間的溝通，強調的是表達對對方感受的理解、同情和關懷。

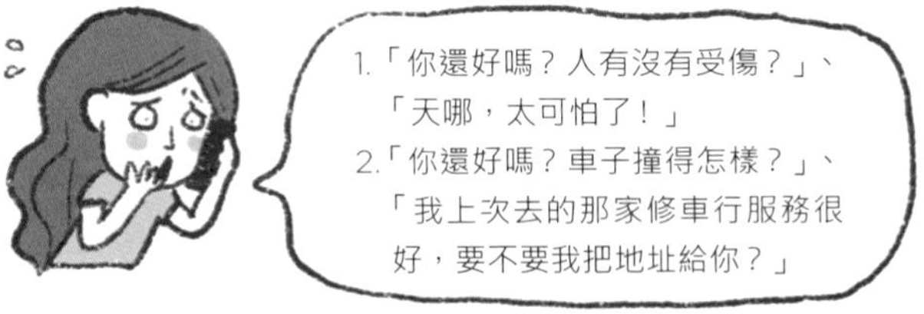
1.「你還好嗎？人有沒有受傷？」、
「天哪，太可怕了！」
2.「你還好嗎？車子撞得怎樣？」、
「我上次去的那家修車行服務很好，要不要我把地址給你？」

如果同樣的事情發生在男主角身上，當他打電話給他的哥兒們時，他會聽到的第一句話又是哪個呢？

1.「你還好嗎？人有沒有受傷？」、
「天哪，太可怕了！」
2.「你還好嗎？車子撞得怎樣？」、
「我上次去的那家修車行服務很好，要不要我把地址給你？」

你應該猜到了，是「2」沒錯！他們可能一樣會先問候對方，但只要確定不嚴重，他們的對話很快就會轉到怎麼處理問題上。換句話說，男生之間的情誼比較會表現在提供具體的幫助，而非情感層面的關心上。

這是兩性溝通方式很典型的差異。男生女生在長大的過程中，以他們各自熟悉的方式和同性朋友溝通互動，通常也很順暢。問題在於，如果有一天男女主角開始交往，而女主角剛好又碰到類似的狀況，這次她打電話對象是男主角。猜猜看，男主角的回應會是「1」還是「2」呢？

1.「你還好嗎？人有沒有受傷？」、「天哪，太可怕了！」

2.「你還好嗎？車子撞得怎樣？」、「我上次去的那家修車行服務很好，要不要我把地址給你？」

你又猜對了，通常女主角會聽到的是像「2」這樣的話。結果，女主角就生氣了！因為依照她的成長經驗，她會認為：

1. 如果你關心一個人，就應該會問候對方的感受、安慰對方的心情。
2. 你沒有問候我的感受、安慰我的心情。
3. 可見你一點也不關心我。

面對女主角的情緒，男主角肯定很莫名其妙，因為他會覺得「我哪有不關心妳，我不是問妳車撞得怎樣、要不要修車場的地址了嗎？」

不了解性別差異可能造成許多感受、想法、需求、期待的不同，特別在和異性交往時，就很容易碰到這種雞同鴨講、溝通不良的狀況。

女主角如果理解，男生的關心主要是表現在「幫忙解決問題」上，就不會把男主角的反應解釋成「一點也不關心我」，也比較可以心平氣和的跟男主角說：「我知道你有關心我，只是我剛出車禍，心裡很驚慌，很希望你多問問我的感受，聽我說一說」。

同樣的，當男主角知道碰到意外時，女生的情緒感受通常會比較強烈、廣泛，需要透過談話才能得到抒解，就不會覺得女主角無理取鬧了。

青少年的兩性交往，還沒有太多現實的生活壓力來干擾，正好是累積對異性的了解最好的時期。有了這些經驗，成年之後的你，將更能接納兩性差異的存在、和異性建立良好的溝通，也就更有機會建立美好的親密關係了。

另外，如果你想要更多了解兩性差異，不妨透過166頁表格中提供的管道，吸收相關知識，並把你覺得對自己有幫助的重點記錄下來。

來源	重點
相關書籍影片	
聽演講	
找可信前輩聊聊	
聽異性朋友說說	
其他	

2 認識個別差異

雖然性別差異確實存在，但隨著時代變化，很多後天學來對男性和女性的刻板印象，如：男生比較理性、陽剛、獨立，女生比較感性、溫柔、順服，已經有了很大的改變。

就像針對青春期「兩性交往態度」調查發現，多數青少年不贊同「女生主動告白，會被認為很隨便。」這樣的說法，他們認為「告白」需要勇氣，絕對不是隨便的事情。

另外，無論男生、女生，每個人的感受、想法、需求、期待，都受到先天特質和後天環境的影響。所以，在對性別差異有一定的認識之後，就要進一步了解對方和自己的個別差異，這樣才能讓溝通更順暢。

「知己知彼，百戰百勝」不只是用兵策略，更是成功溝通的真理。除了前幾章談到的溝通技巧，深入了解並尊重你要溝通的對象，對於促進溝通絕對有大大的加分效果。

1 求同

當你發現異性朋友和你有共同之處時，你可以向對方表示：

◆「我也是這麼想的」

◆「如果我是你，我也會有〇〇的感受。」

這種同理共情的反應方式，會大大提升好感度，也能增進彼此的了解。

2 解異

當你發現異性朋友和你有很不一樣的想法、感受、價值觀時，你可以用下列話語，表示對對方的好奇。

◆「我很好奇你是怎麼想的」

◆「謝謝你讓我知道你的想法」

◆「我很想知道你的感受」

◆「你可以再多說一些」

當對方感受到你願意了解他時，彼此的感情也會更加親近。

其實，無論是和異性朋友交往，或者和同性朋友結交，都必須以坦承、友善、接納、尊重的態度，互相對待，友誼才能長存。

最棒的是，和異性朋友的良好溝通，還能幫助我們理解兩性的差異，學習和異性的相處之道。此外，透過兩性互動，也可以讓我們進一步了解自己，促進自我成長、增進人際關係，充實生活內涵。是不是很值得學習呢？

本章重點

和心儀的對象溝通與交往沒有標準答案。越了解不同性別間的差異、越認識自己和對方，並且對周遭環境有越好的判斷，就越容易妥善處理交往中出現的疑難雜症。

不同性別習慣的交流模式大不同！女生習慣表達對對方感受的理解、同情和關懷；而男生則著重提供具體幫助，而非情感層面的關心上。

除了溝通模式不同外，在個體上也有差異，不能一視同仁男生就如何、女生就如何。更多理解每個人的不同之處，會讓你在同性異性間溝通更加順暢。

運用「求同」、「解異」的溝通技巧，讓雙方互相理解彼此同與異之處，進而讓關係更加親近。

1 列出生活中你最欣賞的幾位對象，觀察並記錄他們的行為舉止和生活習性。

2 分析其中哪些是不同性別共通的特質，哪些是他們各自的差異。

3 針對你認為是不同性別共通特質的部分，上網搜尋可靠的正確資訊，比對你的分析，再次肯定或適度修正自己對不同性別對象的理解。

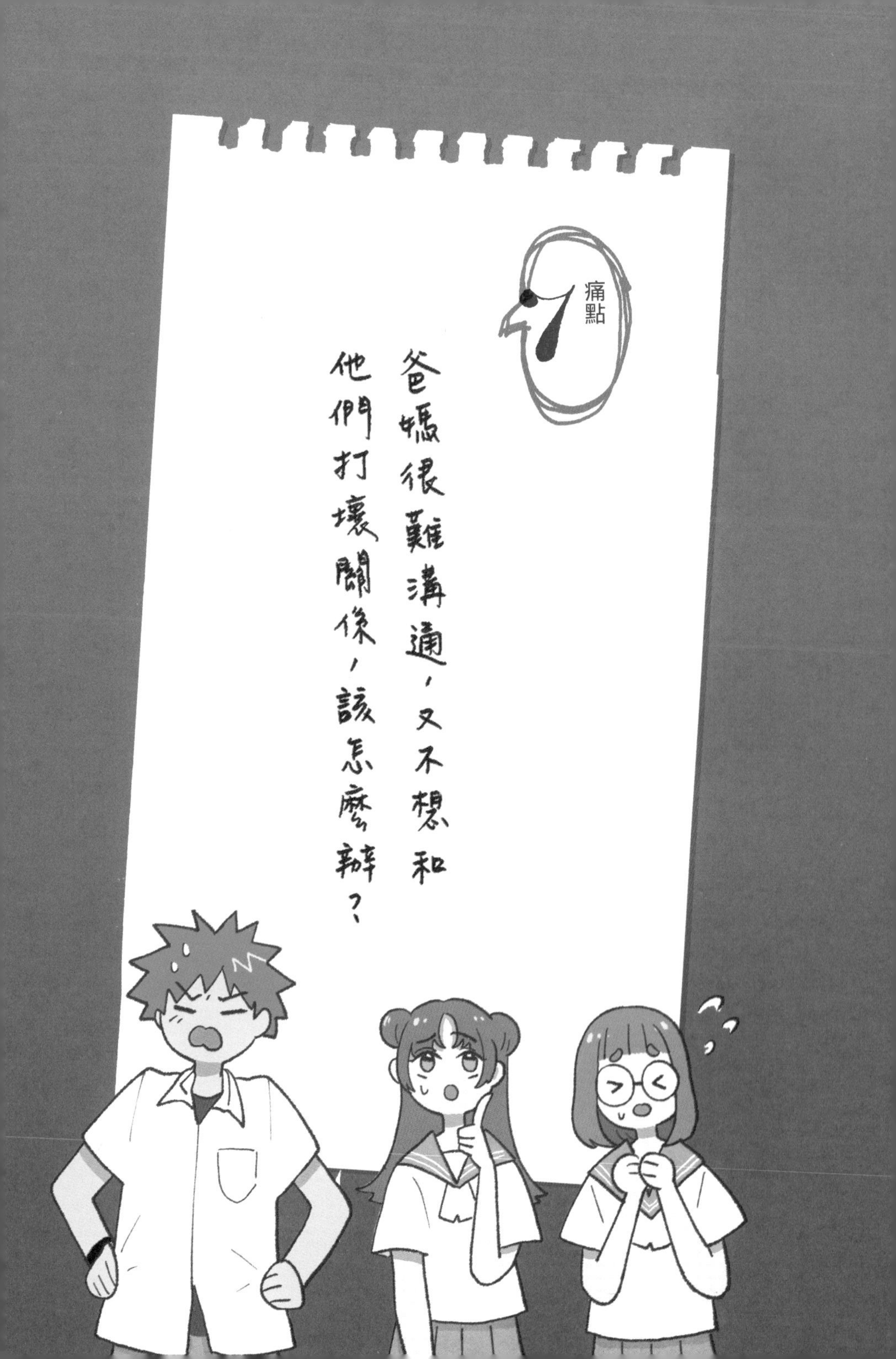

痛點
爸媽很難溝通，又不想和
他們打壞關係，該怎麼辦？

有什麼辦法，可以讓我和爸媽好好相處呢？

某日傍晚
我回來了！
臭小子，
現在都幾點了，你玩瘋啦！快點來吃晚飯。
喔……
你這樣成天打球，
就不會拿這個精神去讀書。
@#$%^&……
我吃飽了！
喂喂，
我還沒講完……

也太囉嗦了吧！
來打個電動好了！
徐天誠！你還在打電動，快給我去念書！
吵死了，再玩一下嘛！
@#$%^&@#$&%
我這是與時俱進，在用新科技耶！

隔天上學
唉～
難得看到你不開心，是怎麼了？
這幾天被我媽狂念，耳朵都快長繭了。
被念是應該的吧？
29
你什麼意思?!
不過，倒是可以理解你覺得很煩。我也會跟我爸媽吵架，每次都吵到僵持不下去。
原來好學生凌薇也會跟爸媽吵架喔！
我爸媽管得可多了，學校明明沒髮禁，
不行！
國中生染什麼頭髮！
我爸媽就是不准我染燙頭髮。
但他們越要管，我就越不想聽他們的話，偏偏要去做。
怎麼變爆炸頭！
結果上次就燙壞了吧。

不過每次吵完看他們很難過，
我也會覺得有點後悔，好像不該惹他們生氣。
也是，
我看我媽氣到快生煙，都很想勸她幹嘛不讓自己生活開心一點。
呃是你讓她這麼不開心吧？還敢問為什麼。
說真的，
有時候還真不知道要怎麼跟爸媽相處啊！
爸媽好難搞，可是又不想和他們打壞關係，該怎麼辦？

大家都會碰到爸媽的「管教病」嗎？

你有過和天誠、凌薇類似的經驗嗎？覺得爸媽很難溝通，怎麼說他們就是不會懂。又或者，你也和他們一樣，總是忍不住跟爸媽頂嘴，然後又甩不掉心裡隱隱存在的罪惡感嗎？

你以為爸媽只關心成績，功課好就不會被念。和朋友一聊才發現，其實青春期的世代激戰往往一觸即發，什麼事情都可能引發親子衝突。

通常詢問青春期的人，最受不了爸媽哪種管教行為？名列前茅的永遠是「囉嗦」和「管太多」，天誠和凌薇的爸媽就是典型的例子。

那大家又會怎麼回應爸媽這些管教呢？常見的有以下幾種方式：

1. **一言九頂**：爸媽說一句，就加倍奉還九句，因為你相信真理越辯越明，就算兩敗俱傷，也要為自己的想法大聲捍衛。

2. **陽奉陰違**：就算講不贏，一旦離開爸媽的勢力範圍，就把他們的要求、訓誡拋到腦後。甚至還故意背道而馳，你越管、我就越要做。

3. **走為上策**：隨便找個理由，轉移父母的焦點或逃離嘮叨現場。

4. **息事寧人**：為了趕快結束爸媽的魔音傳腦，乾脆乖乖聽話、馬上去做，反正十八歲以後就可以獨立自主了。

反應方式分別是哪一種

你知道天誠和凌薇在漫畫裡的表現，分別屬於哪種反應方式？請把你的答案圈起來，再核對看看你的診斷準不準！

種類：1. 一言九頂　2. 陽奉陰違　3. 走為上策　4. 息事寧人

行為	種類			
1. 進門被媽媽一陣狂念後，天誠「喔」了一聲，就往餐桌走去。	1	2	3	4
2. 吃過飯媽媽還在唸，天誠說了一句「我吃飽了！」後，直接閃人躲進房間。	1	2	3	4
3. 媽媽經過房間門口又開始念，一陣唇槍舌劍後，天誠回了一句：「我這是與時俱進在用新科技耶！」	1	2	3	4
4. 凌薇為了可不可以染髮燙髮和爸媽僵持不下，在爸媽堅決不准下，她還是去燙了頭髮。	1	2	3	4

答案：A-3、B-3、C-1、D-2

Why

為什麼和爸媽溝通這麼困難？

你聽過「爸媽的保鮮期只有十年」這個說法嗎？你知道為什麼會這樣嗎？先來看看下方這張圖片。

圖中兩條曲線分別代表父母和朋友對一個人的影響力，以及隨著年齡產生的變化。你猜得出來，哪條代表父母，哪條代表朋友嗎？

相信你已經猜到答案了！藍色曲線是父母、紅色曲線是朋友。

接著，我們來詳細解說幾個階段變化：

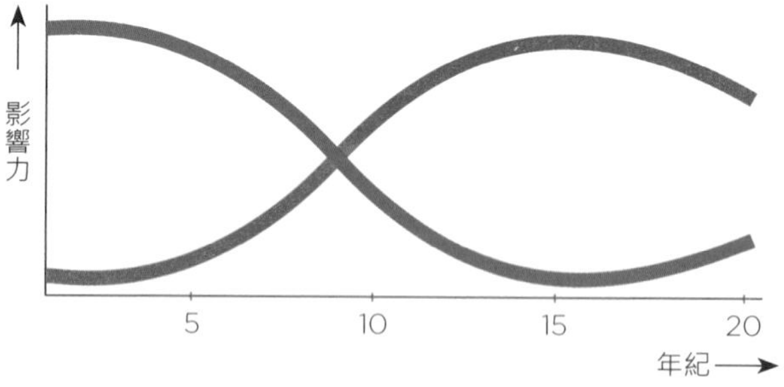

◆ 0～3歲

爸媽對你有百分百的影響力。因為你還沒有任何能力，所以他們必須時時留意你的狀況、事事為你做主，才能保障你的安全和健康。

◆ 3～10歲

隨著你會的事情越來越多，也上了幼兒園。爸媽不在身邊的時間多了，對你的影響力也開始一路往下滑，六歲進入小學之後，下降的速度更快。

你會說：「為什麼小明可以，我就不行……」、「我們老師說不是這樣……」，面對孩子的挑戰，爸媽開始意識到，他們需要學習跟孩子溝通，只是每個爸媽學習的成效不一樣。

不過，對於還是個小孩的你來說，爸媽的管教仍然非常重要，他們除了提供物質和學習資源，還需給你必要的保護、指導，你才能好好成長。

◆ 10～12歲

小學高年級又叫做前青春期，這時候的你，已經從兒童變成準青少年了。你會看到爸媽的影響力急遽下降，朋友的影響力快速上升，所以這也是「頂嘴」開始變成日常的階段。

◆12～18歲

正式成為青少年的你，受到生理快速成長、荷爾蒙激烈變化的衝擊，促使你強烈的想要做自己，無論是打扮、交友、戀愛，或者是社團、功課甚至未來，你都希望能自己做主。

偏偏你的大腦在這時候正要開始全面升級，而施工期至少需要六年。換句話說，整個國高中階段，你的大腦都處在負責情感衝動的邊緣系統相對成熟、掌管理性思考的前額葉卻還在慢慢建構的狀態。

青春期的大腦特徵

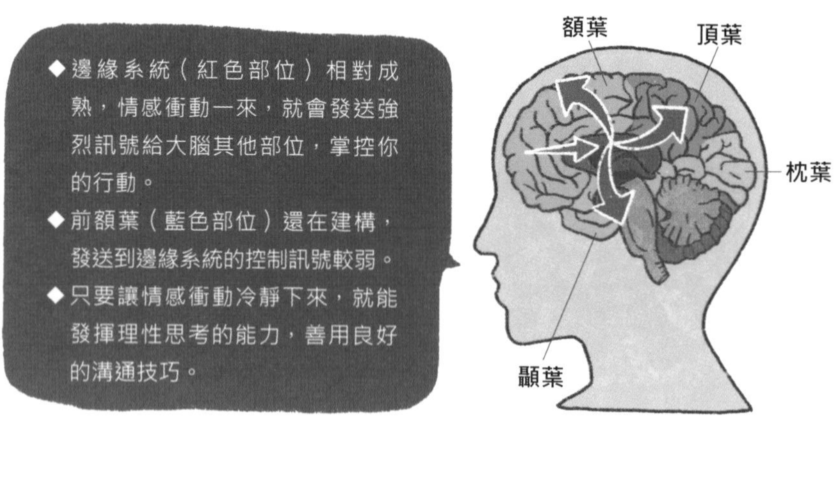
◆邊緣系統（紅色部位）相對成熟，情感衝動一來，就會發送強烈訊號給大腦其他部位，掌控你的行動。
◆前額葉（藍色部位）還在建構，發送到邊緣系統的控制訊號較弱。
◆只要讓情感衝動冷靜下來，就能發揮理性思考的能力，善用良好的溝通技巧。
額葉
頂葉
枕葉
顳葉

這也是為什麼法律會規定，十二歲以上未滿十八歲的青少年父母，仍要負起對孩子的教養義務，甚至必須為孩子的某些行為負起法律責任。所以呢，爸媽也不能完全放著你不管。

不過，無論如何，你的能力已經比小時候好非常多，不需要像以前一樣全天候注意、保護、監控。但爸媽可能還沒意識到，又或者，就算他們想要尊重孩子、適度放手，但前十年照顧孩子「無微不至的好習慣」，突然變成「管太多的壞習慣」，實在很難一下子就調整過來。於是乎在這些仍需調適的過程中，雙方就很容易產生衝突。

然而，經過國中階段的不斷磨擦與和解，大部分的人升上高中以後，和爸媽的關係就會稍微回溫，爸媽說的話好像也沒那麼刺耳了。

十八歲之後，特別是離家去上大學或工作的青年，很多人會重新感受到父母的愛，覺得有些事情偶爾問問爸媽的意見，其實還滿有幫助的。

當你真正長大成熟時，爸媽對你的影響力就不會再回到以往那樣的高度，你也能享受獨立、自主，創造屬於自己的成年生活。這些都是很值得盼望的未來。

但如果親子之間吵得太凶，造成難以彌補的傷害，就算過了青春期，你都會因為親子關係的破裂，感受到強大的情緒壓力，讓你的成年生活蒙上一層陰影。

能不能順利通過青春期的親子衝突考驗，關鍵就在於你和爸媽之間能不能進行良性溝通。

青春期的爸媽管太多、愛碎念，往往是因為他們內心有太多無法掌控狀況的不安感，覺得自己對孩子不再有那麼多貢獻的失落感，甚至就只是管教方式升級速度太慢，一時改不了過去無微不至的習慣。這是爸媽自己的課題，他們對於親子溝通的品質，仍然要承擔起大部分的責任。

不過，正在快速成長的你，也開始有能力掌握溝通主控權、影響親子互動品質。學習和爸媽好好溝通，除了可以讓自己現在日子好過，還能幫助爸媽少傷身體不動氣。

更棒的是，透過一次次的良性溝通，你和爸媽之間會找到平衡，創造彼此都可接受的解決方案，讓你和爸媽的關係有愛無礙，不留遺憾與傷害喔！

CHECK

檢測爸媽的管教屬於哪一類型？

運用下方的步驟，分析爸媽的管教類型，作為和他們溝通的參考依據，讓你的親子溝通更容易成功。

步驟 1：依照你對爸媽的觀察、了解和判斷，圈選合乎爸媽狀況的分數。

規範要求	從不	偶爾	經常	總是
1. 爸媽會要求我做能力所及的事情。	-2	-1	1	2
2. 跟同學比起來，爸媽對我的要求很寬鬆。	2	1	-1	-2
3. 我犯錯時，爸媽會強烈的要求我改正。	-2	-1	1	2
4. 爸媽常忘了自己訂下的規則。	2	1	-1	-2
5. 爸媽為我訂定許多行為規範。	-2	-1	1	2
6. 我犯錯時，只要苦苦哀求，爸媽就會饒了我。	2	1	-1	-2
7. 對於訂定的規則，爸媽會嚴格要求我遵守。	-2	-1	1	2
8. 爸媽怕我太辛苦，會主動幫我做很多事情。	2	1	-1	-2

得分：______ 分

理解回應	從不	偶爾	經常	總是
1. 爸媽不鼓勵我表達自己的想法和感受。	2	1	-1	-2
2. 爸媽訂定規則時會說明理由，並和我討論。	-2	-1	1	2
3. 爸媽不喜歡我對他們的想法提出質疑。	2	1	-1	-2
4. 爸媽會盡力了解我的興趣和潛能。	-2	-1	1	2
5. 爸媽對我的未來已有規劃，希望我聽從他們的意見。	2	1	-1	-2
6. 爸媽會傾聽我對家庭問題或重大決定的意見。	-2	-1	1	2
7. 爸媽會說：「我都是為你好，聽我的就對了！」	2	1	-1	-2
8. 爸媽樂於對我表露情感。	-2	-1	1	2

得分：______ 分

步驟 2：計算你在 A、B 兩個項目各自的得分。

步驟 3：以 A 項目得分為 X，B 項目得分為 Y，找到它們方座標圖中相對的位置，並畫上一個大大圓點「●」。運用下方的步驟，分析爸媽的管教類型，作為和他們溝通的參考依據，讓你的親子溝通更容易成功。

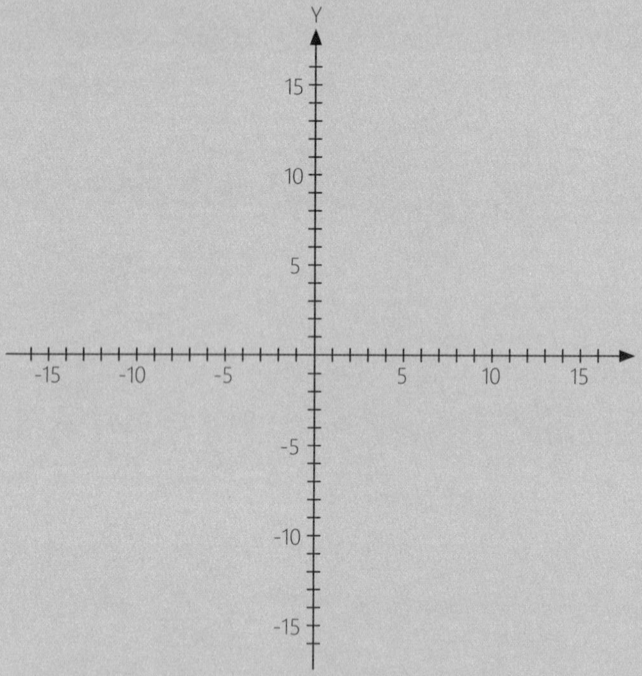

步驟 4：依照你的圓點「●」所在，對照下方圖表，就可以大致推斷爸媽的管教類型。

※ 特別提醒：這份檢測完全是從你的觀點來填寫，所以也可能有不準確性。你可以問問兄弟姊妹或熟悉你爸媽的其他大人，參考他們的看法再做判斷。

爸媽管教類型解密

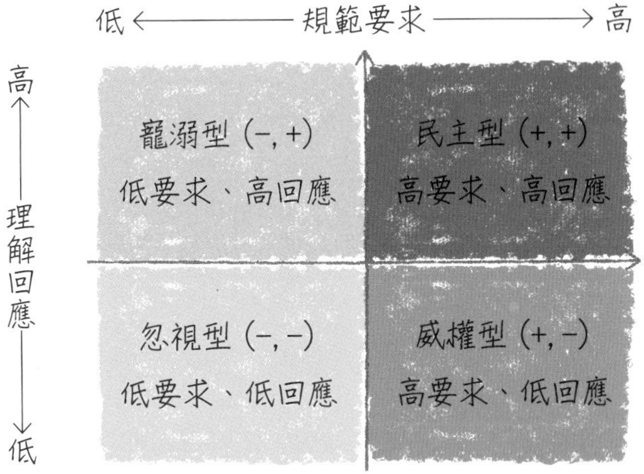

1. **民主型**：爸媽對你的獨立成熟有所期待，對你的行為有所規範，也會要求你為自己承擔責任。但他們同時也關心你的想法和感受，會溫暖回應你的需求。
2. **威權型**：爸媽習慣控制一切，較少回應你的想法、感受、需求。他們不太了解你，對你可能有過高期望，因此會嚴厲要求你遵守規則，達到不切實際的目標。
3. **寵溺型**：爸媽對你的情感非常豐富也很溫暖，但對於你真正的需要可能不太了解。他們對你要求不多，甚至過於寵溺，可能放任你去做自己無力承擔後果的事情，再邊念邊幫你收拾殘局。
4. **忽視型**：這類型的爸媽比較少見，也許因為生活太忙、壓力太大，或有其他問題要面對，而忽略對你的關心。有時候，爸媽覺得管不動你，又不知道該怎麼辦的時候，也可能暫時採取這種態度，事實上他們的內心還是很愛你。

三個原則，讓親子互動更和諧

想要和爸媽好好溝通、解決衝突，促進現在和未來的親子關係，除了善用你已經學到的溝通技巧之外，牢記以下幾個原則，對你會很有幫助。

1 溝通前充分準備

1 因應爸媽的管教類型

◆ **民主型**：你和爸媽的溝通有很好的基礎，可以請爸媽召開家庭會議。只要態度溫和、據理力爭，多半可以得到你該享有的權利和尊重。

◆ **威權型**：息事寧人會讓你養成順服別人、委屈自己的習慣；陽奉陰違則會讓親子衝突不斷、對立緊張。最好找到其他對爸媽有影響力的民主型長輩，讓他們幫你和爸媽溝通。

◆ **寵溺型**：你只要開口，就可以得到想要的結果，但這不代表一切ＯＫ。你要多注意自己有沒有理性思考、能不能自我管理，才不會任性而為，錯失學習溝通、自我成長的機會。

◆ **忽視型**：對於爸媽暫時性的忽視，請體諒他們還沒學會和你溝通的好方法。你也可以善用溝通技巧，主動促進親子關係。如果爸媽就是太忙，沒心情和你對談，你可以試著寫卡片、傳訊息，讓爸媽知道你在乎和他們的關係。

2 了解爸媽的身心狀態

荷爾蒙真的很厲害！除了讓青春期的你多愁善感、情緒衝動、壓力山大之外，也會讓更年期的媽媽飽受健康上的困擾，如出現熱潮紅、盜汗、失眠、發福等，可能讓媽媽更容易發怒、憂鬱、常焦慮。

進入中年的爸爸或媽媽也要面對事業成功帶來的壓力挑戰，或者生涯發展不如意造成的挫折沮喪。爸媽可能同時要承擔照顧老年長輩的責任。「上有老、下有小」是中年最真實的寫照，也可能是爸媽無暇跟你好好溝通的原因之一。

有了這樣的理解，在和爸媽溝通時，你的情緒會比較平和，也比較能施展溝通技巧。

3 調整溝通心態和期待

時代背景、成長環境的不同造成的世代差異，往往是親子衝突的主要原因。你是科技世界的原住民，爸媽是網路時代的新移民，怎麼樣都很難對於使用網路有一樣的體會。

和父母溝通的目標，不在於讓他們馬上就懂你，也不見得能夠解決所有問題。但只要堅定的以成熟的方式和父母溝通，不論結果如何，你都能把它當成一種經驗的累積，磨練溝通能力。

2 溝通中善用技巧

和爸媽溝通，需要用到協商技巧。你可以運用左圖「協商三明治」來做練習。

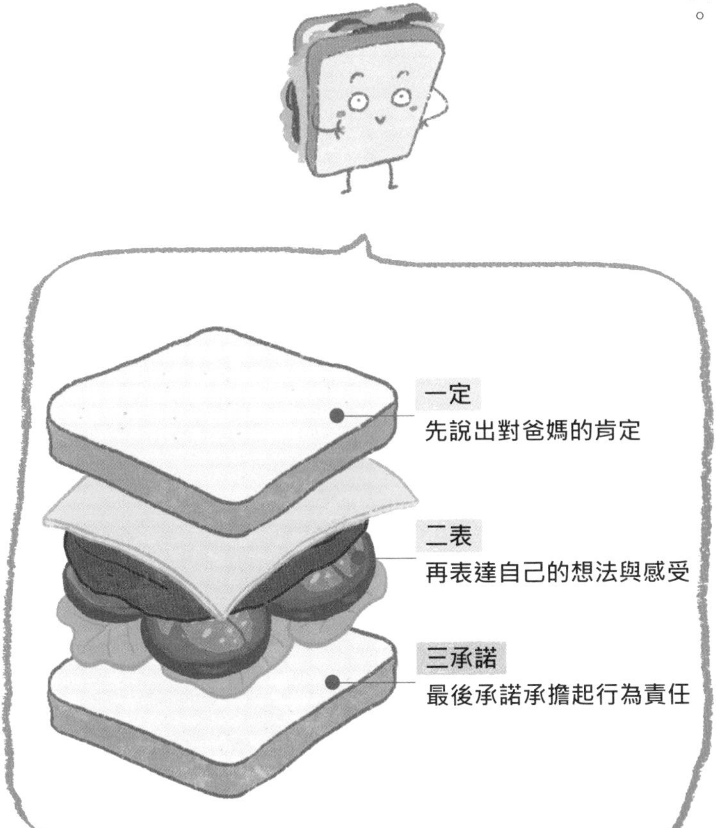
一定
先說出對爸媽的肯定
二表
再表達自己的想法與感受
三承諾
最後承諾承擔起行為責任

1 **一定**：多數爸媽都是愛孩子的，雖然他們愛你的方式可能讓你不舒服。溝通的一開頭就先肯定爸媽的用心，他們的氣就會消掉一大半，也才能聽進你要說的話。

2 **二表**：學習對爸媽說出你最真實的想法、感受和需求。如果覺得當面說容易擦槍走火，用寫的或其他方式表達也可以。

3 **三承諾**：想要爭取自主權，就必須盡責任、能承擔，這是一體的兩面。越能提出具體的行動方案，承諾並確實做到，爸媽也會越管越少，越來越不囉嗦。

3 溝通後自我檢核

你可以多注意溝通過程中的進展，針對不順利的地方，想想下次怎麼修正。無論成功與否，只要溝通當中自己不再受情緒主宰，爸媽管教有改善，親子衝突有減少，就是很大的進步了！

- 整個青春期都是身體快速成長、荷爾蒙激烈變化、大腦全面升級的階段。但爸媽可能尚未適應、還沒適度放手，因此和爸媽的溝通就容易產生衝突。

- 如果想跟爸媽溝通，得先做好溝通前的充分預備：了解爸媽的管教類型與身心狀態，並適度調整自己溝通的心態與期待。

- 做好充分預備後，可以運用「協商三明治」的技巧與爸媽溝通，並且能留意過程中有沒有不順利的地方，想想下次怎麼表達會更好。

1 寫出你最想跟爸媽協商的一件事情。

2 運用「協商三明治」，把三個步驟的臺詞寫下來，並預先做好沙盤演練。

3 找出適合的時機，運用「協商三明治」和爸媽溝通，再根據結果進行修正並自我鼓勵。

痛點 8

想到要溝通就覺得沒自信，該怎麼辦？

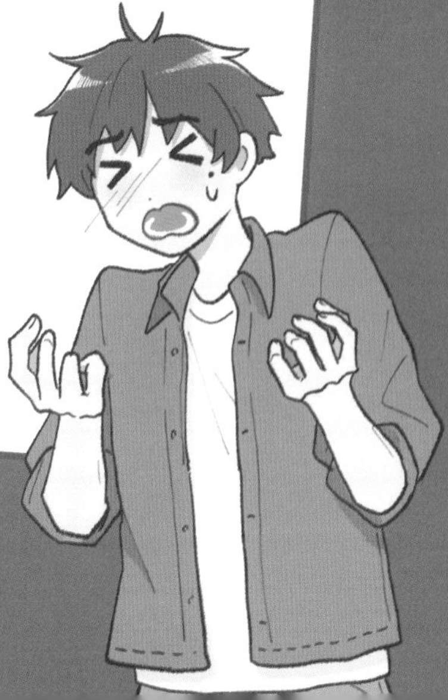

怎麼溝通，才能達到雙贏局面呢？

就快到彥辰的生日，
巧柔、凌薇、天誠三人到羽哲哥的店裡一起討論。
你們覺得幫他辦個驚喜生日會，好不好啊？
13
那要辦在哪？他很受女生歡迎，
會不會引起暴動啊？
那我們低調點，邀他一起慶祝就好。
聊得這麼High，在討論什麼啊？
羽哲哥，我們想在你店裡幫彥辰慶生，
你也一起來，好嗎？
甘丹
咖啡

當然好啊，週六六點店就打烊了，不如就辦在那之後吧！
好耶！
飲料、點心、蛋糕，
我來準備就好，你們就各自帶禮物來吧！
好喔，已經準備好了。
啊我還沒想到要送他什麼……
我一樣就是送他潮T，
他穿起來一定超好看的啦！
也太沒有新意了吧！
誰說的，這叫做始終如一，一心要他帥。
他不用你加持，就很帥了啦！
不過，我突然想到，好像很少看到彥辰穿我送的潮T耶。

歡迎光……
啊
是彥辰啊！
還好他們剛走，不然驚喜就曝光了。
補習班下課經過，想說來找哥聊天。
隨時歡迎啊！
其實是我有點困擾……
我的生日快到了，
然後就想起前幾年天誠都送他自己喜歡的東西。
他都送你什麼？
他每年都送我潮T，顏色很鮮豔、圖案很誇張，
但就不合我的穿衣風格，所以我試穿時就覺得很彆扭。
我一次都沒穿出去過，偏偏他又沒發現。
哈哈……

我在想今年是不是要找機會，跟天誠說其實我不喜歡潮T。
不過我擔心說話太直會讓天誠難過。
我覺得他可能不會有感覺。
可是我又擔心如果不直說，
會繼續收到不喜歡的禮物。
真是少年彥辰的煩惱啊！
太直接會傷人，太壓抑又會委屈自己，這樣對雙方的關係，都是不好的。
你可以傳個簡訊給天誠，先對他的好意表表示感謝，
再坦承表達自己的想法和感受，譬如說：
「謝謝你送我潮T的心意，其實我最想要的是最近新出的電影美術設定集，你可以考慮送我圖書禮券嗎？」
ART
200
原來還可以這樣說啊……看來如何與人溝通，我還有很多要學的呢！
哈，其實大家都是這樣啦！

如果你是彥辰，你可以怎麼做呢？

你有像彥辰這樣的煩惱嗎？碰到必須和別人溝通的時候，就覺得頭很痛。內心不斷冒出不同的聲音，讓你左右為難。一下子擔心這麼說，會不會得罪別人；一下子猶豫那麼說，是不是委屈自己。

其實，無論你學了多少溝通技巧、內容準備得有多好，最後能不能創造雙贏局面的關鍵因素，在於你能不能肯定自己和肯定別人。

根據這兩個因素，專家又把人際溝通分為200頁的四種類型。專家還發現，其中最能讓雙方都感到愉快，順利達到目的，創造雙贏局面的溝通類型就是「自我肯定型」。更棒的是，人人都可以透過後天來學習，來獲得這種充滿自信的溝通能力喔！

人際溝通類型圖解

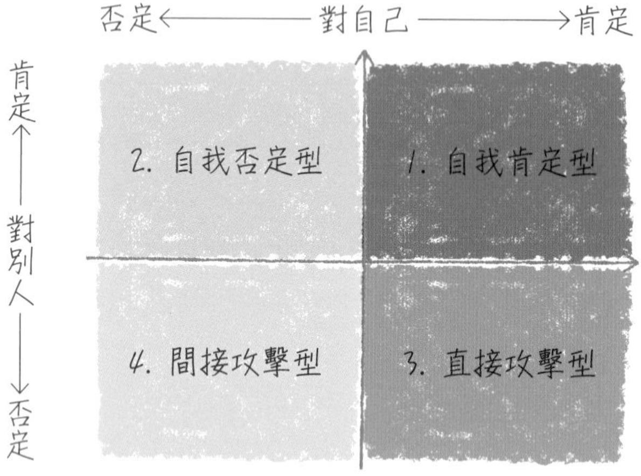

下列回應是各屬何種人際溝通類型

來幫彥辰看看下面這四句話，分別代表哪種人際溝通類型？請把它們連起來，再核對看看你答案對不對。

A. 謝謝你送我生日禮物，這件 T 恤真潮！ ◎

B. 我不適合穿潮 T……但沒關係，還是謝謝你的好意！ ◎

C. 謝謝你送我潮 T 的心意，其實我最近想要的是最新出的○○○，所以你可以考慮送我可以拿來兌換它的禮券喔！ ◎

D. 拜託別再送我潮 T 了，沒發現我從來不穿嗎？你喜歡，不代表我就應該要喜歡啊！ ◎

◎ 1. 自我肯定型

◎ 2. 自我否定型

◎ 3. 直接攻擊型

◎ 4. 間接攻擊型

答案：A-2、B-4、C-1、D-3

為何要學「自我肯定」的溝通模式？

自我肯定是指在「尊重自己，也尊重別人」的前提下，和對方坦誠的溝通。自我肯定的人，是相信自己的想法、感受，和別人的一樣重要、一樣有價值。因此，他們可以自在的向對方說明自己的想法和感受，同時也願意了解對方的想法、感受。

此外，在照顧自己的需求、期待的同時，自我肯定的人也能考慮到別人的需求和期待。所以，他們不會不顧一切滿足自己，而是在充分溝通後，提出以雙方都可接受的方式，達成自己想要的目標。

那為何我們和別人溝通時，容易掉進「自我否定型」的溝通模式裡呢？

這是因為小時候，我們能力有限，很多事情做不好，而大人一出手，總是很快就搞定。所以，我們會深深以為別人是好的、重要的，而自己是比較不好的、比較不重要的。

就像彥辰，如果他認為天誠「就是要他帥」的好意，比自己「怎麼穿都彆扭」的感覺更重要。那麼，就算明明不喜歡潮T，他也很猶豫要不要跟天誠直說。結果只好帶著「委屈自己、成全對方」的不舒服，繼續收下不喜歡的禮物。

不過，時間一久，彥辰發現自己真的不希望再收到不喜歡的禮物，也知道他應該要向朋友表達內心真正的想法，幫助對方更了解自己。

只要彥辰能表達接下來自己要說的事很重要，並且展現出自信的溝通態度，這時就連天誠這麼大剌剌的朋友，也會比平常更注意傾聽、更重視彥辰的看法，也才有機會了解，原來自己一片好意，都沒有站在彥辰的立場上去思考。這麼一來，彥辰今年就有機會收到別的禮物了。

如果彥辰覺得自己的想法、感受、需求、期待沒那麼重要，那麼天誠會更容易覺得「彥辰只是說說罷了」，然後繼續送潮T給彥辰。

當然，即便彥辰真的說了自己的想法，天誠也可能不理會彥辰的表達，堅持「就是要他帥」的心意。不過，彥辰至少已經把心裡的話表達出來，心情就比較不會卡關。他也可以想想，要接納天誠就是這種個性的哥兒們，感受他的心意就好；還是因為天誠這樣很自我中心、不夠朋友，而決定跟他漸行漸遠。

經過前面這麼多章的學習後，想必聰明的你已經發現，溝通是「一個銅板拍不響」的事情。良好的溝通技巧，可以幫助你排除溝通障礙，促進雙方交流。雖然最終的結果，不見得都能完全如你所願，但只要能夠「自我肯定」，無論如何，你都能擺脫溝通不良所帶來的情緒困擾和人際衝突。

你充滿自信的形象，會經由溝通過程傳遞給對方，就算沒有贏得結果，你也會贏得對方的重視和尊敬。

CHECK

你的自我肯定度有多高？

仔細閱讀下面的情境描述，並依照你對自己的理解，在合乎你狀況的項目下打勾。

情境	從不	偶爾	經常	總是
1. 聽到別人的批評指責，你會很生氣，或不知該怎麼回應。				
2. 團體討論時，你能自在的說出自己的想法。				
3. 你覺得被冒犯時，會嚴厲的指責別人。				
4. 你能夠拒絕不想答應的邀約或請求。				
5. 被稱讚時，你會覺得不自在，只能說「沒有啦」。				
6. 你對自己的判斷很有信心。				
7. 朋友的行為讓你困擾，你會怕對方不高興而什麼也不說。				
8. 你不吝於讚美別人。				
9. 你做決定時會猶豫不決。				
10. 在新的環境或陌生的聚會時，你會主動找別人聊天。				

總分：______分

解析

- 奇數題（1、3、5、7、9）選「從不」得1分、「偶爾」得2分、「經常」得3分、「總是」得4分。
- 偶數題（2、4、6、8、10）選「從不」得4分、「偶爾」得3分、「經常」得2分、「總是」得1分。
- 將所有題目得分加總起來，就是你「自我肯定」的分數。
  - ▶ 34~40：你是高度自我肯定的人，能以自信的態度和別人溝通。
  - ▶ 25~32：你的自我肯定中度偏高，大部分情境下你都能自我肯定，某些情境有時候做不到，可以針對得分較低的情境加強練習。
  - ▶ 17~24：你的自我肯定中度偏低，請繼續保持那些你已經做的很好的，並針對得分較低的情境學習成長。
  - ▶ 10~16：你不太能肯定自我，比較難表達自己的想法、感受、需求和期待。下一節的方法對你會很有幫助喔！

三大技巧，提升你的自我肯定度

想要提升「自我肯定度」，成為能夠尊重自己，也能尊重別人的溝通高手，就從以下三大技巧開始。

1 建立自我肯定的姿態

能不能充滿自信的和別人進行溝通，對於別人最後接收到什麼樣的訊息，有非常大的影響。至於自信的姿態，可以透過聲調、眼神、表情、手勢、姿勢等幾個方向表現出來。

看211頁氣球中的描述，想想哪些是對於溝通充滿自信的表現。把它們圈起來，再核對答案。接著，你可以參考正確答案的氣球，找一面鏡子進行練習，建立自我肯定的姿態。

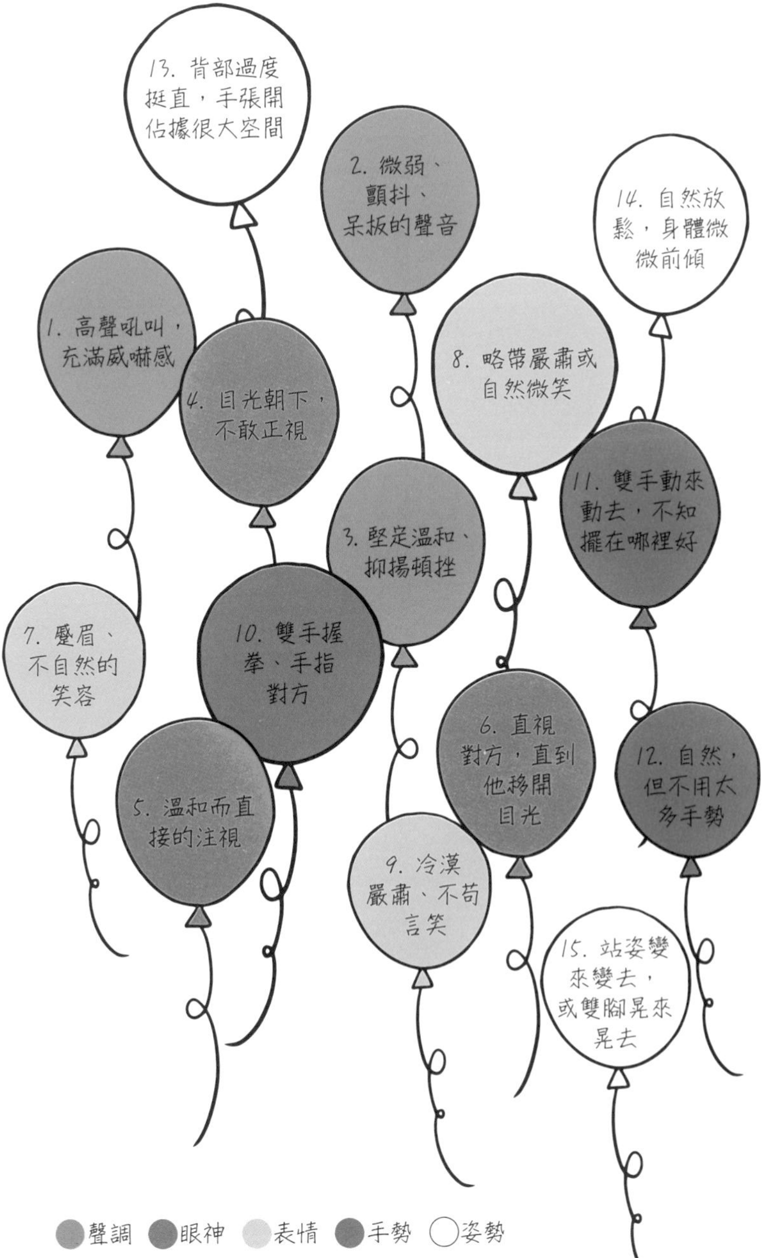

答案：3、5、8、12、14

2 練習自我肯定的語言

語言的力量比你想像的更大，你可以在每天出門前或睡前，練習對自己信心喊話。透過以下這些內在語言的練習，來提升自我肯定度，讓自己能更有自信的和別人溝通。

- ◆我和別人的溝通已經很不錯。
- ◆我比剛開始溝通時，表達得更好了。
- ◆溝通偶爾失敗了也沒關係。
- ◆人際關係中，被拒絕也很正常。
- ◆內心夠強大、情緒夠穩定，就不會受到傷害。
- ◆我有做選擇的權利，也有說不的權利。
- ◆我有權利表達意見或想法。

3 練習自我肯定的表達

當你感到自己的信心逐漸提升後，就可以開始練習羽哲哥教彥辰的自我肯定的溝通模式。

1. 先肯定對方的好意，或任何你也贊同的觀點。你也可以表示理解對方的感受，或者表達傾聽的意願。
2. 再坦誠說出自己的感受和想法。
3. 最後具體表達你的需求或期待。

你可能已經發現，我們在前面幾章介紹的溝通技巧，雖然是為特定溝通痛點而設計的，但都和自我肯定式的表達有異曲同工之妙。這也是為什麼我們會在最後一章，強調自我肯定重要性的原因。

除了前幾章提供給你的說話術，你還可以多練習下列句型：

◆我認為……，那你的想法呢？

◆對於這個結果，我覺得非常……

◆我知道你可能…，但很抱歉，我必須（或我不能）……

◆請你這麼做……，你可以……嗎？

◆請告訴我，你希望我怎麼做……

自我肯定本就無法一天達成，有效溝通更需要長期的學習和精熟。隨著自我肯定度的提升，你和別人的溝通也會更順暢；而成功溝通的經驗多了，你也會更覺得自己真的很不錯。

這是一個正向循環，你已經上路了，只要繼續努力，你將越來越接近溝通高手的目標！

- 學習「自我肯定」的溝通模式很重要。也就是説，提升自我肯定度，以尊重自己也尊重別人的方式來與人溝通，是最好的溝通方式。
- 可以透過調整聲調、眼神、表情、手勢、姿勢等，來建立自我肯定的姿態。
- 除了建立肯定姿態外，再進一步練習自我肯定的語言與表達，更能讓往後的溝通無往不利。
- 經由溝通的過程，可以讓對方感受到你不卑不亢的態度，就算結果沒有贏，也會贏得對方的重視與尊敬。

1

找一位對你友善、你很信任的朋友，請他和你一起練習自我肯定的溝通模式。

2

彼此讚美對方（包括個性、才華、外表、裝扮等），被讚美的那一方要練習自我肯定式的回答，如：「謝謝你，聽你這麼說好開心」、「我也覺得自己……很不錯」等。

3

輪流告訴對方自己對某件事情的看法或意見，對方要練習自我肯定的反對，如：「原來是你這麼想的，不過我不贊同」、「對這件事，我有不同意見」等。

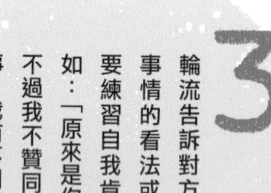

第3章 情境習作

如同觀念篇裡提到的，成功的溝通可以帶給我們良好的關係、愉快的生活，甚至還可以讓你個人和所屬團隊有更好的表現。另外也談到，要讓良好有效的溝通技巧習慣成自然，就需要用正確的方法不斷練習。

在最後的情境習作中，把前面提到的溝通技巧，整理成一張成功溝通流程圖。你可以參考流程圖，針對你最想建立或改善的人際關係，擬定溝通計畫表，然後在生活中付諸行動並檢核修正。此外，後頭也蒐集了一些能夠促進成功溝通的句型，供你在溝通前熟記、溝通中活用。

人際溝通是充滿變化的過程，也是非常挑戰的學習。但只要不斷練習，日積月累，你就會發現你的溝通能力不斷在進步，人際關係也會越來越好喔！

1 成功溝通流程圖

1. 決定對象和主題

1-1 決定溝通對象

1-2 決定溝通主題

↓

2. 營造有利溝通的氣氛

2-1 了解對方喜歡的話題，透過聊天建立關係。

2-2 判斷適合的溝通時機。

2-3 了解對方的個性特質。如果是異性朋友，先了解性別差異；如果是爸媽，先了解世代差異並判斷管教類型。

↓

3. 掌握雙向溝通的內容

3-1- 寫出完整的語言訊息，包含：事實、想法、感受、需求。

3-2 如果要表達的是對方帶給你的困擾，寫出適合的「我訊息」。

3-3 練習用適當的非語言訊息表達語言訊息，包含：聲調、語氣、表情、手勢、姿勢。

↓

4. 付諸行動

4-1 專注傾聽，了解對方的想法、感受、需求、期待。

4-2 以準備好的語言和非語言訊息，說出你自己的想法、感受、需求、期待。

4-3 需要協商時，可運用「協商三明治」技巧。

↓

5. 檢核修正

5-1 記錄溝通結果。

5-2 針對結果，分析成功或失敗的原因。

5-3 修正溝通計畫，再接再厲。

2 擬定溝通計畫表

1. 決定對象和主題

1-1 對象：
1-2 主題：

2. 營造有利的溝通氣氛

2-1 對方喜歡的話題	2-2 適合溝通的時機	2-3 對方的個性特質

3. 掌握雙向溝通內容

3-1 完整的語言訊息	3-2 找訊息（對方帶給你困擾時）	3-3 適當的非語言訊息

3 付諸行動並檢核修正

4. 付諸行動

4-1 傾聽對方的想法、感受、需求、期待	4-2 說出你的想法、感受、需求、期待	4-3 運用協商三明治（需要協商時）

5. 檢核修正

5-1 溝通結果	5-2 成功或失敗的原因	5-3 需要修正的地方
□成功 □失敗		

成功溝通句型總匯

鼓勵對方發言的句型

1. 5W

01. When：你什麼時候……（發現）的？

02. Where：你在哪裡……（看到）的？

03. Who：有誰……（看過）了嗎？

04. What 你覺得……（最棒的）是什麼啊？

05. Why：你知道為什麼……（會這樣）嗎？

2. 1H

01. How：你覺得可以怎麼……（處理）呢？

3. 我很好奇你是怎麼想的？

4. 我很想知道你的感受。

5. 你可以再多說一些嗎？

6. 謝謝你讓我知道你的想法。

專注傾聽對方的句型

1. 我聽到你說……。

2. 你的意思是不是……？

3. 聽起來你似乎覺得……。

4. 這讓你覺得很……吧！

5. ……的感覺真的很難受。

6. 如果是我，我也會有覺得很……。

肯定自我的溝通句型

1. 肯定的拒絕：我沒辦法……（借你），你或許可以……。

2. 肯定的請求：你願不願意……？請告訴我你可不可以……。

3. 肯定的表達想法：我個人的想法是……。在我看來……。

4. 肯定的表達感受：我的感覺是……。我覺得很……。

5. 肯定的表達需求：我需要的是……。我很需要……。

6. 肯定的表達期待：我希望你……。我希望可以……。

13 歲就開始❼

給中學生的 人際溝通術

一輩子都需要的表達溝通力，現在開始學習！

作　　者｜楊俐容
文字協力｜吳毓珍
漫　　畫｜吳宇實
插　　畫｜水腦
協力指導｜臺灣芯福里情緒教育推廣協會

責任編輯｜張玉蓉
封面設計｜陳宛昀
內頁排版｜張依宸
行銷企劃｜王予農、林思妤

天下雜誌群創辦人｜殷允芃
董事長兼執行長｜何琦瑜
媒體暨產品事業群
總 經 理｜游玉雪　副總經理｜林彥傑
總 編 輯｜林欣靜　行銷總監｜林育菁
主　　編｜楊琇珊　版權主任｜何晨瑋、黃微真

出版者｜親子天下股份有限公司
地址｜台北市 104 建國北路一段 96 號 4 樓
電話｜（02）2509-2800　傳真｜（02）2509-2462
網址｜ www.parenting.com.tw
讀者服務專線｜（02）2662-0332　週一～週五：09:00~17:30
讀者服務傳真｜（02）2662-6048
客服信箱｜ parenting@cw.com.tw

法律顧問｜台英國際商務法律事務所．羅明通律師
製版印刷｜中原造像股份有限公司
總經銷｜大和圖書有限公司　電話：（02）8990-2588

出版日期｜ 2022 年 8 月第一版第一次印行
　　　　　2024 年 3 月第一版第四次印行
定　　價｜ 380 元
書　　號｜ BKKKC212P
I S B N ｜ 978-626-305-254-3（平裝）

訂購服務
親子天下 Shopping ｜ shopping.parenting.com.tw
海外．大量訂購｜ parenting@cw.com.tw
書香花園｜台北市建國北路二段 6 巷 11 號　電話（02）2506-1635
劃撥帳號｜ 50331356 親子天下股份有限公司

國家圖書館出版品預行編目（CIP）資料

給中學生的人際溝通術：一輩子都需要的表達溝通力，現在開始學習！／楊俐容文；吳宇實漫畫. -- 第一版. -- 臺北市：親子天下股份有限公司, 2022.08
224 面；14.8x21 公分. --（13 歲就開始；7）
ISBN 978-626-305-254-3（平裝）
1.CST: 中學生 2.CST: 人際關係 3.CST: 溝通技巧

524.7　　111008190

立即購買 >

有聲故事書